인천 古宅
세월의 문을 열다

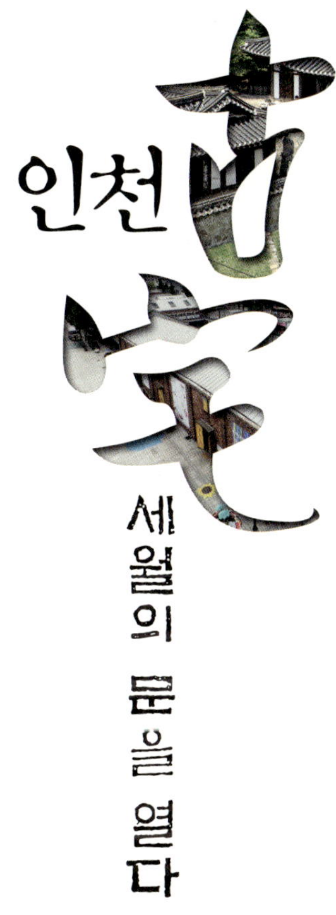

경인일보 특별취재팀 지음

책을 내면서

세월의 문을 열며

건축물에 관한 한, '존재'란 '사라짐'을 전제로 한 단어가 아닐까 싶다.

경인일보 2016년 연중기획 '인천고택기행'을 마치고 이를 책으로 엮기 위한 작업을 본격화할 즈음, 인천의 오래된 건축물 중 하나가 역사 속으로 사라졌다. 중구 송월동의 애경사 건물이다. 100년 가까운 역사를 가진 이 건축물은 주차장 조성을 위해 철거됐다.

철거작업이 진행되고 나서 며칠 후 현장을 둘러본 적이 있다. 무너져 내린 벽돌 더미와 목재 부스러기, 건축물의 잔해로 뒤덮인 철거현장에서 맨 먼저 마주한 감정은 '허무'였다. '인천의 개항 초기 주요 산업의 상황을 알 수 있는 중요한 역사적 자료'라는 이 건물에 대한 전문가들의 평가 또한 벽돌 더미 아래에 묻혀 있었다.

이제 얼마 지나지 않아 비누공장이었던 이 건물과 이 건물에 얽힌 이야기는 사람들의 기억 저편으로 사라질 것이다.

사실 애경사 건물은 연중기획 '인천고택기행'에서 다루었던 건축물은 아니다. 그래서 더 아쉬움이 남는다. 조금만 더 발품을 팔고, 보다 폭넓은 시선으로 옛 건물들을 들여다봤다면 애경사 또한 이 책의 한 페이지를 차지했을 것이다.

이처럼 자기 반성적 메시지로 서문을 시작하는 것은 개발주의 또는 도시화에 밀려 사라지는 인천 고택의 잇따른 철거사례가 바로 '인천고택기행'의 기획 배경과 맞물려 있기 때문이다.

우리는 인천 최초의 소아과로 알려진 신포동 자선소아과를 비롯, 조일양조장과 동방극장 등 역사적으로 의미 있는 건축물들이 철거되는 모습을 보아 왔다. 그리고 이들 건축물의 흔적이 현대 사회에서의 편의를 위해 시멘트로 메워지는 것을 당연하게 받아들였다.

연중기획 '인천고택기행'은 이처럼 인간 삶의 궤적이 스며든 얼마 남지 않은 역사의 공간이 그 가치를 제대로 평가받지 못한 채 사라지는 데 대한 아쉬움과 문제의식에서 출발했다.

"언제 사라질지 모를 인천지역의 근대 건축물과 고택을 찾아 나서기로 했다"고 밝힌 연중기획의 프롤로그는 바로 '인천고택기행'의 기획 의도를 압축한 것이었다. 경인일보 취재팀은 인천지역 근대 건축물과 고택에 깃든 삶의 흔적을 인문학적 관점에서 조명해 보고자 했다. 그래서 2016년 한 해 동안 인천 곳곳에 남아있는 근대 건축물과 고택의 문을 두드렸다.

인천을 이야기하기 위해서는 인천의 다양한 특성을 담고 있는 집과 근대건축물을 선별해야 했다. 이를 위해 지역 향토사학자와 건축분야 전문가의 조언을 구해 50여 곳을 선정했다. 이어 전문가와 동행하며 근대건축물의 역사적 가치를 들여다봤고, 오래된 가옥에선 집 안 곳곳에 배인 삶의 냄새를 맡았다. 일제 강점기에 지어진 건물에서는 아픈 과거를 되새기며 교훈을 찾았다. 사진 또한 새로운 각도에서 의미를 찾기 위해 수십 번 앵글을 달리 했다.

취재 과정에서 옛 건축물이 사라지는 것이 아쉬워 직접 집을 사들이거나 문화공간으로 개조한 이들을 만난 것은 그 자체로 감동이었다.

연재가 마무리될 즈음에는 반가운 소식이 전해지기도 했다. 인천시가 보존가치가 큰 근대건축물을 발굴해 보존·활용하는 방안을 추진키로 하고 각 군·구로부터 취합한 근대건축물 210곳을 조사했는데, 이 중 등록문화재 지정이 가능한 20곳을 선정했다는 소식이었다. 20곳 중에는 '인천 고택 기행'에 소개됐던 남구 학익동 OCI 사옥(극동방송 옛 사옥과 사택), 동구 금곡동 조흥상회, 중구 경동 싸리재, 중구 용동 옛 인천흥업주식회사, 강화군 1928 가옥(황씨 고택) 등 5곳이 포함됐다.

그런가 하면 지면에 소개한 옛 건축물이 결국 철거 작업에 들어갔다는 소식도 접해야 했다. 어찌 보면 흉물로 방치된 건축물의 숙명이다. 다만 기자들의 현장 기록과 사진을 남길 수 있었다는 사실에 위안을 삼는다.

경인일보 취재팀은 이러한 일련의 과정이 인천에 얼마 남지 않은 근대 건축물과 고택의 가치를 재조명하는 데 단초가 되기를 소망했다. 이제 그 소망이 조금씩 현실로 나타나고 있다.

'인천 고택 기행' 연재가 끝나고 한 고택에서는 그 집에 살았던 이의 후손이 찾아와 그간 알려지지 않았던 새로운 이야기를 들려주었다. 그런가 하면 신문 지면에 실린 상당수 근대건축물과 옛집들이 인천시가 선정한 가치재창조 사업의 주요 콘텐츠로 채택되기도 했다.

이제 '인천 고택기행'을 새로운 편집과 보완 과정을 거쳐 출판한다.

이는 '세월의 문을 여는 일'이라 생각한다. 안을 들여다보기 위해서는 문을 열어야 한다. 세월은 과거와 현재, 미래를 아우른다. 과거를 들여다봄으로써 현재의 오류를 찾고 미래의 올바른 방향을 설정하는 것은 세월이란 단어가 품고 있는 또 하나의 함의다. 이 책이 인천시민과 독자들에게 '세월의 문'이 되었으면 하는 바람이다.

끝으로 취재에 응해주시고 자료를 제공해주신 모든 분들에게 진심으로 감사드린다.

2017년 10월

취재팀을 대표하여

임성훈 삼가 씀

차례

3. 달라진 삶과 주택

4. 현대교육과 문화

5. 강화, 과거와 미래를 잇다

〈일러두기〉

_ 경인일보가 2016년 1월 7일부터 2016년 12월 29일까지 연중기획으로 보도한 '인천 고택 기행'을 새로 묶어 낸 것입니다.

_ 인물 관련자의 직책, 나이 등은 기사 게재 당시를 기준으로 삼았습니다.

_ 방문 취재에 대한 서술은 2016년에 진행된 내용입니다.

_ 건축물이나 고택이 시기에 따라 명칭을 달리 할 경우, 가장 널리 통용되는 명칭을 우선적으로 사용했습니다.

_ 이야기 플러스는 보도 내용을 토대로 보완을 거쳐 새롭게 편집한 것입니다.

_ 부록(하늘에서 본 인천 고택)은 드론으로 찍은 항공사진입니다.

1 개항, 새로운 문물과 제도

인천차이나타운 회의청 ● 인천 중구청 ● 舊 인천우체국 ● 인천기상대 옛 창고 ● 인천역사자료관 ● 인천역 ● 수인선 송도역

이야기 플러스 _ 송현배수지 제수변실

인천차이나타운 회의청

1910년 초대 청나라 영사 가문연이 세운 청국영사관 부속 건물

한국과 중국 교차하는 '화교의 삶' 백년을 품다

인천 중구 선린동 8(차이나타운로55번길 19). 인천화교협회와 인천화교학교를 모두 아우르는 3천 957㎡ 면적의 이 땅은 130년 넘게 '하나의 지번'을 줄곧 유지하며 한국 화교의 역사를 보듬고 있다.

선린동 8가는 주말마다 방문객들로 발 디딜 틈 없는, 흔히 짜장면 거리로 알려진 북성동 일대 '지금의 인천차이나타운'에서 약간 비켜있는 곳이다. 중국 음식점들이 길게 늘어선 짜장면 거리로 향하다가 무심코 지나칠 수도 있다. 그러나 이곳은 4~5대를 이어 이 땅에 사는 인천 화교 사회의 중심지이자 인천차이나타운의 본래 모습을 간직한 공간이다.

선린동 8가 인천화교협회 건물 뒤편에는 청국영사관 부속 건물이던 회의청會議廳이 있다.

초대 청나라 영사로 부임한 가문연賈文燕이 1910년 지은 것으로 알려진 일종의 회의실이다. 정말 회의를 했던 공간인지를 증명할 수 있는 기록은 현재 남아있지 않아 건물 이름으로 용도를 추측할 뿐이다.

1882년 임오군란 당시 리훙장李鴻章이 이끄는 청나라 군대가 인천에 주둔할 때 함께 들어온 군역상인 40여 명이 한국 화교의 시작이다. 이후 조선이 개항한 이듬해 1884년 4월 청나라가 관리하는 치외법권 지역인 청국조계가 인천 개항장에 설정되면서 청국영사관도 세워졌다.

청국영사관에는 본청, 순포청(경찰서), 전보국 등이 있었다고 전해지며 현존하는 건물은 회의청이 유일하다. 청국영사관 본청은 현재의 인천화교학교 유치원 자리 인근으로 추정된다.

30년간 인천화교학교 교사를 지낸 화교 왕청덕 씨와 함께 회의청을 찾았다. 1990년대 중반부터 인천 화교들과 교분을 쌓으며 인천화교학교 아카이빙(기록보존) 작업 등을 해온 사진작가 서은미 씨도 동행했다.

회의청의 생김새는 한국과 중국이 교차하는 화교의 삶과 닮았다. 한국과 중국의 건축양식이 섞여 있는 것이다. 회의청은 기단 위에 건물을 세우고, 맞배지붕을 올린 벽돌건물이다. 기와는 건축 당시의 것이 아니라 개보수 과정에서 교체한 것이다. 중국 건축을 연구하는 건축가 홍기택 씨는 “중국 특유의 붉은색 창살 무늬 등 외양 때문에 언뜻 중국풍 건물로 보일 수 있지만 날아가는 듯한 지붕의 처마 끝은 한옥의 특징이다. 따라서 한옥에 가까운 중국식 건물이라고 봐야 한다”고 설명했다. 즉 한국과 중국의 가옥 특징이 결합한 독특한 아름다움을 지닌 건물이다.

회의청 안으로 들어가면 화교들이 재물신으로 모시는 관공(관우)의 초상화와 신주가 거실 한가운데를 차지하고 있다. 중국 해상무역상들의 수호신인 마조상도 눈에 띈다. 과거 올림포스 호텔 자리에 마조를 모시는 사당이 있었다고 한다. 상업 중심의 인천 화교 사회의 성격을 엿볼 수 있는 대목이다. 회의청은 인천 화교들의 보물창고이다. 각종 제사 용품이나 중국 전통 악기 등 내부에 있는 어느 것 하나 50년 이상 나이를 먹지 않은 게 없을 정도다.

왕청덕 씨는 거실에 있는 원형 탁자를 어루만지며 “이것은 100년도 넘었다”고 자랑하였다. 이어 왕 씨는 관우 초상화를 가리키며 “저 그림을 훔쳐가면 3대가 먹고 살 수 있을 것”이라고 장난기 가득한 미소로 덧붙였다.

회의청 거실에 전시된 인천 화교의 옛 사진 가운데 흥미로운 사진을 발

1 회의청 내부 모습. 인천화교협회 임원들은 매년 양력 1월 1일 회의청에서 관공(관우)에게 제를 올리며 신년 인사회를 하고 있다. 평소에는 별다른 용도로 쓰이지 않고 비어있다.

2 회의청에 마련된 인천화교청년회 사무실. 현재는 사무실로는 쓰지 않으나, 1970~80년대 당시 각종 상패나 문서가 시간이 멈춘 듯 그대로 남아있다.

3 인천차이나타운 출신으로 미스차이나에 선발된 이수영 씨가 1962년 모교인 인천화교학교를 방문한 사진. [제공=인천화교학교]

1

2

3

견했다. 1961년 대만에서 '미스 차이나'로 선발돼 같은 해 영국 런던에서 열린 미스 월드에서 2위를 차지한 이수영(당시 18세) 씨가 인천화교학교를 방문했을 때 사진이다. 이수영 씨는 1944년 인천에서 태어나 1950년대 중반 인천화교학교를 졸업한 뒤 대만의 대학교에 진학했다. 1962년 미스 차이나로 금의환향한 이수영 씨는 17일 동안 전국을 순회했고, 당시 대통령이 되기 직전이던 박정희 국가재건최고회의 의장 내외를 만나기도 했었다. 당시 언론에서는 이수영 씨의 일정을 연일 보도할 정도로 화제였다.

회의청 내부는 거실을 중심으로 양쪽 끝에 방이 하나씩 있는 구조다. 왼쪽 방은 화교들의 국적인 대만(중화민국)을 건국한 쑨원孫文을 기념하는 전시실이다. 오른쪽 방은 1960~70년대 인천 화교 청년회 사무실로 쓰던 공간이다. 당시 사용했던 물품이나 문서 등이 그대로 남아있어 타임머신을 타고 그때 그 시절로 돌아간 기분이 들었다. 벽 한편에는 1978년 제59회 전국체육대회를 인천에서 개최했을 때, 인천 화교 청년회가 물심양면으로 애써준 점을 기린 원병의 인천시장의 감사장이 걸려 있다. 회색 철제 책상에는 청년회의 옛 이름인 '한국인천화교청년반공구국회'라고 새겨져 있다.

당시 '반공'은 한국사회는 물론 화교학교를 통해 대만식 반공교육을 받아온 한국 화교사회를 이어주는 강력한 이데올로기였다. 반공의 일상을 보여주는 것은 또 있었다. 회의청 옆에는 언덕 위에 세워진 인천화교학교

회의청 옆에 있는 방공호 입구. 1980년대 안전상 이유로 시멘트를 발라 막아 놓았다.

1954년 인천화교학교 졸업앨범에 실린 당시 학교 정문 사진. 화교학교 중앙에 있었으나, 지금은 철거됐다. 청국 영사관의 정문이었던 것으로 알려졌다. [제공=인천화교학교]

가 있다. 회의청과 화교학교를 구분 짓는 높은 돌담에 시멘트를 바른 흔적이 세 군데가 있는데, 다름 아닌 방공호 입구다. 방공호는 화교학교 운동장 안쪽까지 이어져 있다고 하는데, 정확한 조성시기는 알려져 있지 않다. 학생들이 자꾸 들어가 위험하였으므로 1980년대 입구를 막았다고 한다.

인천 화교들은 음력설인 춘절에 인천차이나타운의 유일한 중국사찰 겸 사당인 의선당義善堂에서 축제를 연다. 이에 앞서 인천화교협회 임원들은 매년 양력 1월 1일 회의청에서 제사를 지내며 신년하례회를 갖고 있다. 인천 화교의 관청이던 청국 영사관은 흔적도 없이 사라졌지만, 회의청은 인천 화교 사회를 대표하는 건축물로서 100여년의 역사를 고스란히 간직하고 있다.

인천화교협회 사무실에는 '本固枝榮본고지영'이라고 쓴 글씨가 걸려있다. 1992년 봄 중국 산둥성 룽청시의 한 단체에서 선물 받은 서예작품인데, '뿌리가 굳으면 가지가 번성한다'는 뜻으로 진흙 속에서 꽃을 피운다는 연꽃을 나타내는 말이다. 한국에서 살아가는 화교들의 신념으로도 읽힌다.

인천화교협회 직원 왕윤령 씨는 "다른 국적(대만)을 갖고 있지만, 마음의 고향은 항상 내가 사는 이곳(인천차이나타운)"이라며 "회의청도 나와 같은 마음으로 오랜 세월을 견뎌가고 있는 것으로 생각한다"고 말했다.

화교는 지난 130여 년 동안 인천의 오랜 이웃이었지만, 그들에 대한 조명은 아직 부족하다. 최근 인천화교학교 아카이빙 작업을 마치고 책으로 엮은 서은미 씨는 "화교는 항구도시·공업도시로서 외부에서 여러 사람이 유입돼온 인천의 다양성을 잘 보여주는 사람들"이라며 "인천 화교가 계승하고 있는 문화와 전통 등 사라질 수 있는 것에 대한 기록이 앞으로도 필요하다"고 했다.

인천 중구청

영사관 터에 1933년 인천부청 새 건물로 들어서

인천 최초의 양관洋館…
영욕이 교차하는 근현대사 상징

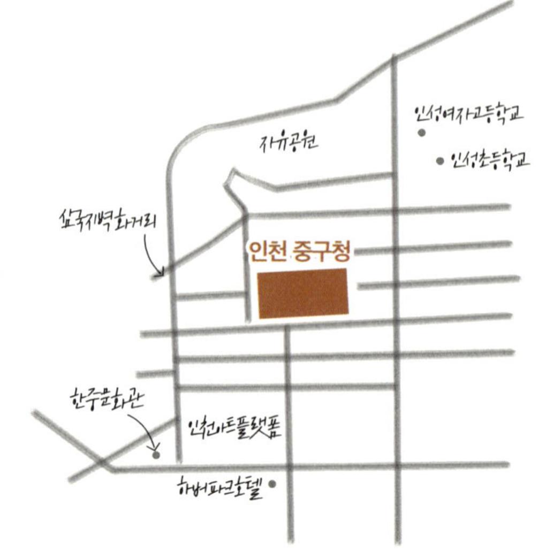

우리나라에서 현대건축물의 시작을 이끈 것은 '개항'이다. 개항과 함께 외국인들은 자신의 사업이나 거주를 위해 자국의 건축물을 이 땅에 세우기 시작했다. 그중 가장 먼저 서양식 건물을 세운 국가는 일본이었다.

강화도조약을 근거로 1880년 원산에 자국의 영사관을 지었으며 1883년 인천영사관, 1884년에 부산영사관을 세웠다. 세 곳에 지어진 건물들은 모두 의양풍疑洋風(일본 목수들이 서양식 건물을 흉내낸 목조 건축)의 2층 건물이었다.

인천영사관은 인천 최초의 양관洋館이었다. 벽돌과 목재 등 주요 건축자재 전부를 일본에서 수입해 건립된 인천영사관은 1906년 2월부터 이사청理事廳으로 전환, 사용되었다. 영사관 기능에서 벗어나 통치기구가 된 것이다. 1910년 일제강점기 이후에는 인천부청으로 사용됐다. 건물은 1932년 8월 새로운 부청을 짓기 위해 헐렸다. 그리고 지어진 것이 지금의 인천 중구청이다. 착공 이후 모두 6번의 설계변경을 거쳐 1933년 6월 준공했다. 지하층과 지상 2층의 인천부청사가 새롭게 탄생한 것이다.

『손장원의 다시 쓰는 인천근대건축』(간향미디어랩, 2006)에 따르면 새 부청사는 간소화된 1930년대 모더니즘 건축 형식을 띠고 있다. 벽돌조에 스틸새시 창문을 설치하고 외벽은 타일로 마감됐다. 수평의 긴 띠창, 커튼월Curtain Wall 기법의 유리창 등에 모더니즘 양식이 두드러지게 표현됐다. 또한 외관을 구성하고 있는 스크래치 타일은 당대에만 볼 수 있었던 특징이다. 준공 이후 본관 좌우에 동·서별관을 증축했는데, 정확한 시기에 대한 기록은 없는 상태이다. 1964년 8월에는 본관을 3층으로 중축했다. 이 건물은 광복 이후 경기도 인천시청사, 인천직할시청사(1981~85)로 이용됐으며, 이후 중구청사로 사용되고 있다.

인천 중구청사는 건립 이후 지금까지 관공서로만 사용돼 외관은 비교적 잘 보존돼 있다. 반면, 지속적인 증축과 대대적인 새 단장으로 내부 원형은 찾기 힘들다. 하지만 개항장의 중심에서 일제강점기와 해방, 그리고 근대

1 개항과 함께 1883년 인천에 건립된 일본영사관. [제공=인천중구청]

2 건물 후면에는 붉은 벽돌이 드러나 있다.

3 인천중구청사 실내 모습

4 장식이 많지 않은 건물에서 도드라지는 부분은 입구의 원형 창 장식이다. 일장기를 형상화했다는 설도 있다.

1

2

를 거치며 인천 행정의 상징으로 남아 있는 중구청사는 건축의 미美와 함께 인천시민의 삶의 자취를 간직하고 있다. 지역의 한 원로는 '영욕이 교차하는, 우리 근현대사를 상징적으로 보여주는 건물'로 인천 중구청을 꼽았다.

1945년 8월 15일에 해방을 맞고 수일 동안 인천부청사에서 시커먼 연기가 타올랐다고 한다. 당시 본국으로 귀환해야 하는 일본인들이 떠나기 직전에 자신들의 악행이 기록된 문서들을 태우면서 검은 연기가 하늘을 뒤덮은 것이다. 조우성 인천시립박물관장은 일본인들의 증언도 있었다며 "정신대를 비롯해 각종 징용과 징병 등 자신들이 식민지로 삼은 곳에서 저지른 악행들을 숨기려고 모든 관련 문서들을 태우고 돌아갔다"고 말했다.

분단 후 한국전쟁이 발발하여 황해도 쪽에서 피란민들이 대거 인천으로 몰려왔다. 시청 인근 학교에 피란민들을 수용했는데, 당시 인천시청사 앞 광장에 커다란 가마솥을 가져다 놓고 밥을 지어서 주먹밥 등을 피란민들에게 배식했다고 한다.

북한군이 내려와 당시 지주와 공무원 등 공산당에 반하는 인물들에 대한 숙청이 진행됐던 공간도 인천시청사였다. 북한체제에 '반동분자'로 낙

1 1955년 3월 26일 이승만 대통령의 80회 생일을 맞아 축하 현수막이 인천시청에 걸렸다. [제공=조우성 인천시립박물관장]

2 인천을 방문한 미국 버뱅크시의 컴튼 시장 내외를 인천시청에서 환영하고 있다. [제공=조우성 인천시립박물관장]

인찍힌 인사들은 청사 지하에 갇혔으며, 청사 앞에선 공개 처형도 진행됐다.

조 관장은 어린 시절 선친인 문인 겸 경기매일신문 편집국장과 논설위원을 지낸 조수일 선생께 들은 이야기를 전했다.

"당시 모 통신사 지사장 자리에 계셨던 선친도 시청 지하에 갇혔다고 해요. 목숨이 위태로운 상황이었는데, 과거 사무실 직원으로 데리고 있던 사람이 공산당 간부였고, 그 사람이 몰래 도와줘서 빠져나올 수 있었다고 해요. 이후 현재 용현동 부근에 숨어 있다가 배를 타고 화성(송산)으로 가서 남쪽으로 피란 가셨습니다."

9·15 인천상륙작전 이후 시가전의 상처를 품은 인천시청은 1960년 4·19 의거를 기해선 민주화 항쟁지로 변모했다.

당시 중학교 2학년이었다는 조 관장은 "데모는 주로 동인천과 경동사거리 등에서 이뤄졌다"면서 "성명서 낭독 등 상징성이 있는 행사들은 인천시청사 앞에서 열렸다"고 회상했다. 이어서 "행사들 중 학생들이 직접 작성해서 인천시청사 앞에서 낭독했던 '이승만 대통령에게 보내는 글'이 기억에 남는다"고 하였다.

그래서 1985년 인천직할시청의 현 남동구 구월동 이전이 아쉬웠다고 한다. "당시 지역민의 동의가 없었어요. 시청이 이전하면 도시 공동화 현상이 예상됐으며, 실제로 나타났죠. 이후 구청장들의 노력으로 현재 많이 활성화됐지만, 아쉬움을 표시하던 사람들이 많았습니다."

인천 중구청사는 2006년 4월에 등록문화재 제249호로 지정됐다.

유용한 내부 공간을 만들어 사람들의 활동 공간으로 존재하는 건축은 외관이 갖는 형태와 색채가 모여 또 다른 차원의 도시 공간을 연출한다. 어떤 사람이 그 안에 들어가 활동을 하면 그 공간은 물리적 한계를 넘어 새로운 생명력을 지니게 된다. 이러한 관점에서 건축은 상호 관계의 문화이자 예술, 산업이다. 인천 중구청사는 이 같은 건축의 속성을 잘 드러낸다.

舊 인천우체국

1923년 일본 인천우편국 신축 이전 '現 인천중동우체국'

근대 통신 시작점 인천 조선의 '우정'(우편행정) 싹트다

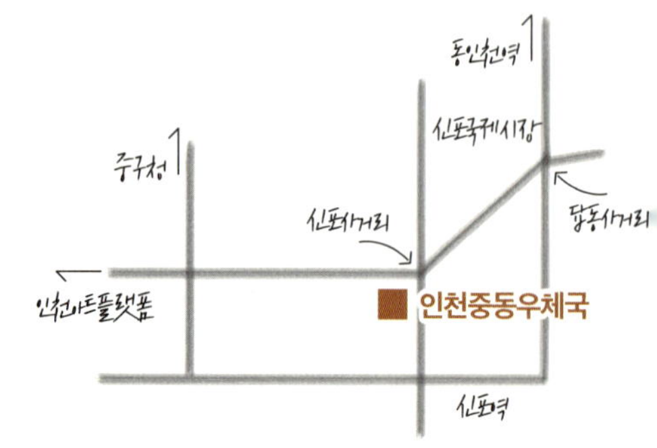

21세의 백범 김구(1876~1949)는 시해당한 명성황후의 원수를 갚기 위해 일본인 쓰치다 조스케를 살해하고 인천 감영에 수감됐다. 수감 1년 후 사형을 선고받은 백범은 사형 집행 당일 정부의 사면을 알리는 급전急電을 받으며 죽음 직전에서 살아났다. 백범의 일화는 통신의 중요성을 절감케 한 역사적 사건으로 지금도 회자되고 있다. 이처럼 근대 통신 도입 과정에 얽힌 수많은 사화史話를 간직한 인천은 근대 통신사史의 시발지였다.

우리나라에 가장 먼저 도입된 근대 통신 수단은 우편으로, 그 시발지는 인천이었다. 월남 이상재(1850~1927)는 1880년 신사유람단의 일원으로 일본에서 4개월간 머무르며 일본의 우편제도에 주목하였다. 월남은 일본의 우편제도를 조정에 보고하면서 우체국 설립의 필요성을 강조해 국내 우편제도를 만드는데 결정적인 역할을 했다. 1884년 조선 조정은 우정총국 인천분국을 열면서 월남을 초대 분국장으로 임명했다.

우정박물관의 자료에 따르면, 인천분국 창설 당시 우정총국의 일본인 고문이었던 오비 사케아키는 서신을 보내 "우정(우편행정)은 참으로 공적으로 보나 사적으로 보나 천고에 없던 편리한 방법입니다. 경하스런 마음을 감당하지 못할 정도입니다. 신중한 마음으로 직무를 집행하시기 바랍니다"라고 축하했다고 한다. 그러나 갑신정변이 일어나면서 서울과 인천의 우편업무는 20여일 만에 중단됐다.

인천에서 우편업무가 시작된 것은 조선에 우정총국이 설치되기 이전인 1882년이다. 일본은 자국민의 통신 편의를 위해 영사관(현재 인천 중구청 자리) 내 설치한 간이우체국에서 1882년부터 우편 업무를 시작하였다. 갑신정변의 여파로 우정국이 폐지된 이후에도 인천 분국은 2개월 가까이 우편업무를 더 취급하다가 가장 마지막에 폐쇄되었다.

1891년 서울에 '인천우편국 경성출장소'를 설치하면서 일본 통신기관이 늘기 시작했고, 1894년 국내 일본 우편국 수는 29개로 늘었다. 갑신정변으로 중단된 조선의 우편업무는 1893년 전우총국이 설치되면서 부활하였고 인천시민을 위한 우편 업무는 인천우체사(郵遞司·경동 225번지)가 1895년 설립되면서 본격적으로 시작되었다.

우정박물관의 자료에 따르면, 인천우체사 시기의 주요 업무는 인천의 우편물과 서울의 우편물을 교환해 집배하는 것이었다. 경인선 철도 개통 이전까지 인천우체사와 한성우체사의 우전인郵傳人은 매일 오전 9시에 우편낭을 메고 오류동까지 걸어갔다. 두 우전인은 오후 1시께 오류동에서 우편낭을 교환해서 돌아갔다. 하루 평균 9시간 이상이 걸린 행보였다.

3년 뒤 인천우체사는 내동 103번지로 신축 이전했다. 조선 정부는 일본에 우편국의 철폐를 요구했으나, 러일전쟁에서 승리한 일본은 1905년 한일통신기관협정 체결을 강요함으로써 조선의 통신기관을 탈취했다. '우체사'의 명칭도 일본식인 '우편국'으로 바뀐다. 일본의 인천우편국(구 인천우체국)은 1923년 현재의 자리인 인천 중구 항동 6가 1로 신축 이전했다.

1 1923년 우편업무를 담당하기 위해 지은 근대식 건물로서 당시의 행정관청으로 웅대한 규모였다. 건립 당시 명칭은 인천우편국이었으며, 1949년 8월에 인천우체국으로 개칭되었다.

2 1930년대 인천우체국(우측 2층 건물)과 거리 모습. [출처=인천광역시사]

3 수인선 신포역에서 접근할 때 만나는 모서리이다. 좁고 긴 수직 창문선들과 어울려 나눔의 변화를 주고 있음을 확인할 수 있으며 칠이 벗겨진 벽면의 모습도 확인할 수 있다.

2003년 인천우체국이 연수구 연수동으로 이전한 후 건물은 대수선 공사를 하고 인천중동우체국으로 이어지고 있다. 내부 모습.

우체국 영선계에서 건축을 담당했으며 착공에서 준공까지 1년이 걸렸다.

평일 오전에 찾은 구 인천우체국(현 인천중동우체국)은 다소 한산했지만 항동 교차로 면에 좌우로 펼쳐진 듯 웅장한 규모를 자랑하면서 행인의 시선을 사로잡기에 충분했다. 한국전쟁의 포화 속에서도 지붕 일부만이 파손됐을 뿐 거의 온전히 살아남은 몇 안 되는 건물 중 하나인 구 인천우체국은 당시 행정 관서 중 가장 웅대한 건물이었다.

모서리에 돌출된 출입구를 통해 실내로 들어서면 여느 우체국과 똑같은 모습을 확인하게 된다. 2003년 인천우체국이 연수구 연수동으로 이전한 후 건물은 대수선 공사를 하였고 현재는 인천중동우체국으로 사용되고 있다.

인천중동우체국 관계자는 "대수선 공사를 하기 전 건물 내부는 전부 목재였다"고 했다. 낡은 목재들을 떼어내고 현대식 마감재로 내부를 보완한 것이다. 건물 외부는 고풍스러우면서 화려하다. 문화재청의 자료에 따르면, 구 인천우체국은 당시 유행하던 절충주의Eclecticism 양식을 단순화했다.

사거리에 면한 모서리에 낸 주출입구 양쪽에 큰 기둥을 세우고 그 사이에 기둥머리 없는 작은 기둥을 여러 개 받치면서 돌출시켰다. 당시 관공서 건물은 대체로 둥근 돔 모양의 탑옥을 올려놓은 것이 일반적인데 이 건물에서는 생략됐다. 또한 면을 거칠게 다듬는 러스티케이션Rustication 기법을 활용한 화강암 기단 위에 벽돌로 쌓은 뒤 모르타르로 마감해 2층 석조 건물의 외관을 연출했다.

근대 건축학자 손장원 인천재능대 교수는 "주 출입구를 사거리에 면한 모서리에 두고 그곳을 정면으로 처리한 방식은 다음 블록에 있었던 조선상업은행 인천지점 건물과 같다"면서 "다른 점은 조선상업은행 인천지점의 입구는 모서리의 곡선을 따라 설치했고, 인천우체국의 입구는 앞으로 돌출시키고 직선형으로 처리한 것"이라고 설명했으며 "그리스 양식에서 나타나는 원형 기둥, 르네상스 양식의 거친 돌로 마감한 기단부에서 절충주의 양식이 보인다"고 덧붙였다.

구 인천우체국은 1982년 3월 인천광역시유형문화재 제8호로 지정됐다. 문화재로 지정되고 만 35년이 흐른 현재, 건물 외부 표면은 군데군데 일어나 있다. 칠이 벗겨져서 떨어진 부분도 있으며 수포가 생긴 것처럼 부풀어 올라 있는 것도 많다. 문화재로 지정됐기 때문에 함부로 손댈 수 없으며 보수절차도 복잡하고 사용되는 재료의 비용이나 선택도 제약이 적지 않다. 좀더 전문적이고 신중한 접근을 위한 절차이겠으나 이를 핑계로 보수에 미온적이어서는 안될 것이다. 더욱이 현재 인천시는 문화재 관련 예산의 부족을 이유로 보수계획을 미루고 있어 최소 수년 동안은 이같이 안타까운 모습을 더 보아야 할 듯하다.

구 인천우체국은 당시 우편낭에 담긴 지역민의 수많은 사연과 함께 인천 우전인들의 애환을 품고 있는 건물이다. 질곡의 인천 우정사史를 간직하고 있는 구 인천우체국의 외부 보수는 이른 시간에 해결돼야 할 것이다.

최연주 인천중동우체국장은 "인천우체국은 우리나라 우편업무를 잉태한 중요한 곳이며 선배 우정인들의 애환이 고스란히 스민 곳"이라고 설명했다.

인천기상대 옛 창고
빨간 벽돌 쌓아 올려 1923년 4월 준공

'최초의 근대 기상관측'
90여년 세월풍파 고스란히

날씨는 예나 지금이나 일상에서 가장 중요한 정보 가운데 하나다. 그러나 자연 현상인 날씨를 정확히 예측하기란 슈퍼컴퓨터로도 쉽지않다. 이에 날씨는 예보豫報 또는 예측豫測이라는 표현을 덧붙인다.

우리나라는 조선시대 초기에 측우기가 발명되고, 하천의 수위를 재는 수표水標가 개발되는 등 기상학이 발달한 나라였다. 인천은 독일인 묄렌도르프 Mollendorff, Paul Georg von가 1883년 9월 1일 인천해관에 기상관측기구를 설치하고 하루 5번씩 기상을 관측할 것을 지시하면서 국내에서 최초로 기상 관측이 이루어진 도시이다.

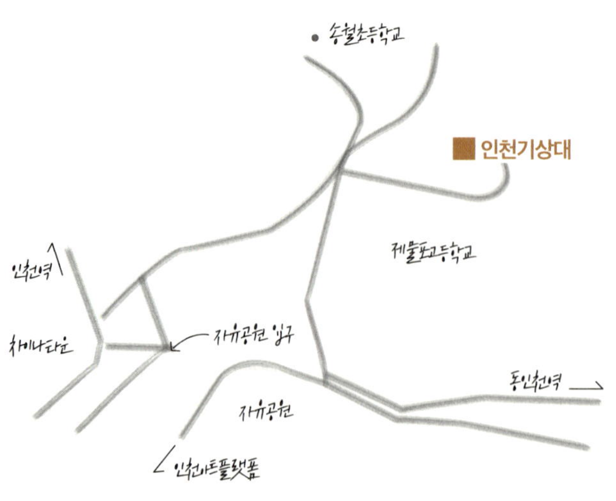

인천에서 최초로 기상 관측을 하게 된 배경은 개항과 맞물려 있다. 개항과 함께 인천항으로 화물이나 사람을 수송하기 위해서는 기상 예측이 중요한 업무 중 하나였다는 것이 인천 향토사학자들의 중론이다. 국내의 기상학 역사와 궤를 같이 하는 인천기상대는 지난 2013년 10월 자유공원이 있는 응봉산 정상인 인천시 중구 자유공원서로 61(인천 중구 전동 25의 59)에 신축됐다. 인천기상대 신청사는 7천840㎡ 부지에 지상 2층(979㎡) 건물과 관측장소(490㎡) 등을 갖추고 있다. 인천기상대의 옛 건물은 사라졌지만 1923년 4월 준공된 인천기상대 창고는 여전히 그 자리를 지키고 있다.

인천기상대 창고는 빨간 벽돌을 쌓아 올려 만들어진 건물로, 건물 정면에 아치형 흰색 출입구 2개와 측면 양쪽에 각각 직사각형 창문 2개가 있다. 지붕은 초록 기와를 얹은 맞배지붕 형태다. 현재 실내는 날씨체험관 등을 갖추고 '인천기상대 역사관'으로 활용하고 있다. 창고 앞 팻말에는 "이 건물은 반원보다 작은 원호형으로 된 결원아치가 있는 네덜란드식(혹은 영국식)으로 축조되었고 또한 출입구 위의 눈썹지붕을 지지하는 까치발은 동시대 건축물과 비교해도 독특하고 정교하게 만들어져 역사·문화적 가치를 높게 평가받고 있다"는 안내문이 있다.

이 창고와 인천기상대에 대해서는 1957년 당시 인천측후소(현 인천기상대)에서 첫 사회생활을 시작했던 방순태 씨에게 들을 수 있었다. 방 씨는 "인천측후소에 입사했을 때만 해도 제대로 된 통신시설이나 기상관측장비가 없어서 일본이나 중국 등에서 보내주는 기상실황을 통신장비로 듣고 일일이 수기로 기록했다"며 "이렇게 기록된 인천의 기상정보를 서울기상

1 현재 날씨체험관 등으로 구성돼 인천기상대 역사관 으로 활용되고 있는 인천기상대 옛 창고 실내모습.

2 빨간 벽돌로 쌓아 올려 결원아치 등 네덜란드식으로 축조된 인천기상대 옛 창고 외관.

3 방순태(맨 오른쪽) 씨가 인천기상대 동료들과 함께 자유공원에서 찍은 사진. 왼쪽 뒷편에 흰색의 옛 인천기상대 건물이 보인다. [제공=방순태]

1

2

대로 보내면 서울에서 인천지역을 포함해 기상예보 방송을 하곤 했다"고 말했다. 이어 "수기로 기록한 일기도(날씨 등을 기록한 기록물)는 빨간 벽돌 창고에 보관했었다"고 했다. 방 씨는 1949년 해군 부사관으로 입대해 통신 특기를 받아 6·25전쟁 등에 참전한 뒤 1957년 1월 제대했다. 제대 직후 인천기상대에서 통신기술을 갖춘 사람을 구한다는 이야기를 듣고 입사했다고 한다. 그는 "관측 장비가 충분하지 않아 기상정보를 일본 등으로부터 통신장비를 이용해 받아야 했는데 통신장비를 제대로 다룰 수 있는 직원이 거의 없었다"며 "군대에서 익힌 통신기술을 바탕으로 기상관측을 공부하면서 일을 했다"고 설명했다.

이어 "인천측후소에 당시 소장을 비롯해 10명이 근무했는데 2인 1조로 나눠 오전 3시와 9시, 오후 3시와 9시 등 4번에 걸쳐 기상정보를 통신장비로 듣고 일기도에 작성했다"고 했다.

그는 인천측후소에서 근무하면서 있었던 일 중에, 예나 지금이나 마찬가지지만 일기예보가 틀리면 여지없이 사무실로 걸려오는 전화가 기억에 남는다고 했다. 방 씨는 "지금처럼 팩스나 인터넷을 이용해 일기 예보를 사람들에게 알릴 수 있는 방법이 없으니까 기상대 건물 앞에 세워진 철탑 안테나 2개에 헝겊을 매달아 예보를 했다. 날씨가 맑으면 사각형의 흰색 천을 걸고, 구름이 끼는 날이면 사각형의 녹색 천을 걸었다. 풍향은 삼각형 천에 색깔을 넣는 방식으로 시민들에게 날씨를 알렸다"고 설명했다. 그런데 "어느 날 맑은 날이 예상돼 흰색 천을 걸었는데 오후부터 비가 쏟아졌고, 시민들이 기상대로 찾아와 온갖 항의를 했었다"고 회고했다.

방 씨는 인천측후소가 있던 자리의 변천사를 회고하며 "1947년 친구가 일했던 인천측후소를 찾았을 땐 관측소, 창고, 목조건물 등을 비롯해 천체를 관측했던 천문관측 망원경도 있었다. 전쟁이 끝나고 입사했을 땐 폭격 때문인지 망원경은 흔적도 없었고, 건물들도 많이 훼손돼 있었다"고 설명했다. 이어 "처음 입사했을 때만 해도 기상관측을 위해 주변에 건물을 설치할 수 없어 산 정상에 있는 관측소 건물을 제외하면 주변에는 전부 임야였다. 측후소를 담당하는 정부의 부처가 바뀔 때마다 학교, 기관 등에 땅을 전부 내줘 인천측후소가 지금 정도밖에 남지 않았다"고 했다.

해관에서 하던 기상관측을 시작으로 우리나라 최초로 근대 기상 관측을 했던 인천은 1905년 1월 현 인천기상대 자리에 임시관측소 건물을 신축하면서 본격적으로 국내 기상업무를 시작한다. 이어 해방 직후까지 인

1 2013년 신축된 인천기상대 모습.

2 1928년 지어진 돌계단이 현재까지 보존되고 있다.

천은 중앙기상대의 역할을 수행한 도시였다. 그러나 1953년 중앙기상대가 서울에 신설되면서 인천에 있던 중앙기상대는 측후소로 기능이 축소됐다가 1992년 인천기상대로 명칭을 바꾼다. 인천기상대 건물은 1984년 12월 원통형으로 지어져 수십 년 간 인천시민들의 랜드마크 역할을 했지만, 이 건물은 지난 2013년 현재의 형태로 신축됐다.

인천역사자료관

일본인 저택 자리에 1966년 시장 관사로 지은 한옥

응봉산 기슭 일본인 별장이 인천역사자료관으로

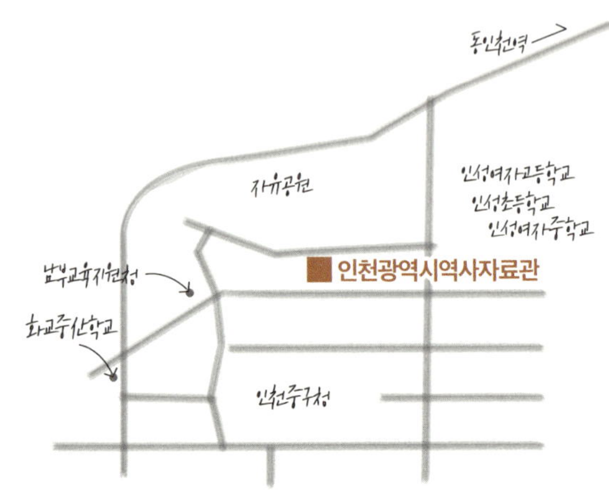

조일수호조약(강화도 조약)에 따라 1883년 인천항이 개항하면서 항구 주변에는 일본인 등 많은 외국인이 들어오기 시작했다. 사람이 많아지자 항구 주변에는 자연스럽게 돈이 몰리기 시작했고 안타깝게도 이러한 재화들은 외국인에게 집중되었다. 이처럼 본국에서는 상상할 수 없는 재화를 축적한 외국인들은 인천 곳곳에 별장을 만들었다.

러일전쟁으로 번 돈을 인천에 가져와 여러 사업을 한 '아끼다 쯔요시秋田 剛'의 호화로운 생활 흔적이 남아있는 저택은 건물과 정원이 아름다워 '추전어전秋田御殿'이라고 불릴 정도였다고 한다. 평안도 지역 금광을 소유한 동양합동주식회사 재정책임자였던 미국인 '데쉴러David W. Deshler'는 동양식 주택 여러 동과 함께 한 채의 서양식 건물을 세우고, 넓은 일본식 정원이 있는 저택을 관사로 사용하기도 했다.

현재 인천역사자료관으로 사용되고 있는 건물도 이 당시 '코노 다케노스케洞野竹之助'의 호화로운 일본식 별장이다. 코노 다케노스케는 1895년 평양에서 무역과 잡화상 운영을 하다가 1896년 동학농민운동을 피해 인천에 와서 포목, 석유, 밀가루 등을 취급하는 상점을 개설해 많은 이익을 얻었다고 한다. 인천역사자료관 강덕우 연구원은 "코노 다케노스케는 인천 지역 포목을 독점했다고 알려진 인물이며 당시 일본에서 포목을 100원에 가져왔다면 조선에는 500원에 판매하면서 돈을 많이 벌었다고 전해진다"고 설명했다.

인천재능대 손장원 교수는 "당시 조선에 거주하는 일본인들은 본국에서는 지위를 높일 기회가 없거나 재산을 모으지 못한 사람들이 많았다. 이

1 코노 다케노스케 별장 정원의 현재 모습.

2 별장 정문. 현재도 정문으로 사용되고 있다.

3 인천시장 공관으로 사용되던 건물은 현재 인천역사자료관으로 사용되고 있다.

3

1930년대 코노 다케노스케(洞野竹之助) 별장의 모습을 담은 사진 엽서(왼쪽)와 코노 다케노스케 별장의 대문 모습을 담은 사진 엽서(오른쪽). [제공=김창수 인천발전연구원 인문학센터장]

때문에 조선에서 많은 돈을 벌면 대규모 저택을 짓는 것으로 세를 과시했다"고 했다.

인천역사자료관 건물 입구에서는 석조 기둥을 세운 대문이 방문객을 맞이하고 있었다. 별장의 건립연도와 관련된 기록은 아직 정확히 확인되지 않은 상황이다. 다만 제물포 구락부와 홈링거양행 인천지점 건물이 있는 사진에 별장이 보이지 않는다는 점에서 1901년에서 1916년 사이에 건립된 것으로 추정된다.

대문을 지나자 커다란 나무들이 눈에 띄었다. 정원은 코노 다케노스케가 만든 것이 아직 보전되고 있다. 그는 전형적인 일본 귀족의 정원을 만들고 싶어했다고 한다. 대문에서 건물로 이어지는 좌·우측의 돌계단을 나란히 배치했고, 길 양쪽으로는 일본 귀족들의 상징적인 나무인 금송金松을 줄지어 심었다. 이 외에도 코노 다케노스케는 자신의 정원이 인천에서 손꼽히는 장소가 될 수 있도록 아낌없이 투자했다. 1916년에는 충청남도 보령의 한 사찰에서 3층 석탑을 강제로 빼앗아와 정원을 장식했다. 이 석탑은 현재 인천시립박물관 야외 전시장에 전시돼 있으며, 2008년 보령시는 해당 석탑의 반환을 요구하기도 했다. 이와 함께 정원 곳곳에는 일본이 원산지로 당시 우리나라에서는 지리산 일부 지역에서만 서식한다고 알려진 방울 철쭉(낙엽 철쭉)을 일본에서 직접 공수해 정원을 꾸몄다. 이 때문에 100년 가까운 시간이 지났음에도 불구하고 인천역사자료관의 정원은 수려함을 고스란히 간직하고 있다.

그러나 안타깝게도 코노 다케노스케가 만든 별장건물은 현재 남아 있지 않다. 해방 후에 별장 건물을 허물고 서양식 주택을 세워 '송학장'이라는 댄스홀로 사용했다는 기록이 남아있지만 당시 사진은 남아 있지 않다.

인천시는 1966년 당시 인천시장이었던 윤갑로(12대) 시장의 지시로 송학장을 매입해 369㎡의 한옥 건물을 지어 인천시장 관사로 이용했다. 개축공사 계획은 윤 시장 재임 시절에 세워졌지만 공관은 다음 시장인 신충선 시장부터 사용했고, 1998년 지방선거에서 '공관 폐지' 공약을 내세운 최기선 시장이 당선되면서 2001년부터 인천시 역사자료관으로 문을 열어 시민들에게 개방됐다. 이 기간에 이곳에 머물렀던 시장은 17명에 달했다.

강 연구원은 "당시 인천시장들은 일제 강점기부터 관사로 쓰이던 신흥동에 있는 '인천 부윤 관사'에서 살았지만 1960년대부터 반일 감정이 높아지면서 관사를 옮겨야 한다는 여론이 높아졌다. 고급 주택지가 밀집해 있고, 당시 인천시청(현 중구청)과 가까운 현재 건물은 최적의 입지 조건이었을 것"이라고 말했다. 이어서 강 연구원은 "시청이 이전하면서 시장 공관이 중구에 있을 이유가 없어졌고, 공관을 개방해 시민들에게 돌려줘야 한다는 의견이 많았다. 응봉산 기슭을 일본인에게 빼앗긴 지 80여 년 만에 시민들의 품으로 돌아온 셈이다"고 덧붙였다.

2001년 이후 현재까지 역사자료관은 매년 3만 여명의 관람객이 방문하는 시민 휴식 공간이며 인천역사를 발굴하고 수집, 정리 및 연구하는 인천 역사학의 본산으로 자리를 잡았다. 이와 함께 주변 개항사박물관, 인천근대건축자료관, 인천근대문학관, 짜장면박물관, 중국인거리, 개항장 등 인천 근현대 역사벨트를 형성하는 구심점으로 자리매김을 하고 있다.

이처럼 긴 여정을 지나 시민들에게 개방된 장소이지만 인천 근현대사의 중심 지역에 위치해 있다 보니 이곳을 다른 용도로 개발하려는 시도도 지속적이다. 2013년에는 인천시가 이곳을 리모델링해 국빈용 장소로 활용하려 했지만 시민들의 반발로 무산되기도 했다. 이미 인천역사의 중심이며 시민문화공간으로 활용되고 있는 공간을 특정인이나 일부만을 위한 공간으로 조정하는 것은 시민문화와 상식에 역행하는 일이라는 것이 중론이다.

인천역

1900년 최초 역사 건립 후 1960년 신축

한국철도, 1899년 여기 인천서 '기적' 울렸다

(전략)…오전 9시에 떠나 인천으로 향하는데 화륜거 구르는 소리는 우뢰와 같아 천지가 진동하고 기관거의 굴뚝 연기는 반공에 솟아오르더라.

–『독립신문』, 1899. 9. 19

최초의 국문신문인 '독립신문'은 대한제국이 철도의 시대로 진입하는 순간을 이 같이 표현했다. 기사는 1899년 9월 18일 오전 9시 '거물'이란 이름의 육중한 모갈Mogul 증기기관차가 희뿌연 증기를 내뿜으며 굉음과 함께 노량진을 떠나 제물포로 출발한 순간을 묘사했다. 기차를 처음 본 사람들이 얼마나 큰 충격을 받았을지 짐작할 수 있다.

1897년 3월 22일 인천에서 착공한 우리나라 최초의 철도가 2년 6개월 만에 첫 모습을 드러낸 것이다. 노량진~인천역(당시 제물포) 간 33.8㎞를 1시간 30분 만에 연결했다. 당시 도보로 12시간 걸렸던 것을 10시간 넘게 단축시키면서 인천과 서울을 1일 생활권으로 만들었다.

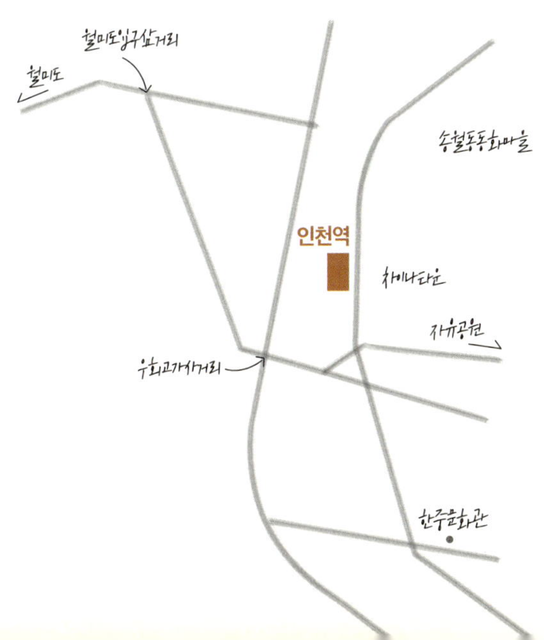

1899년 우리 철도 역사의 시작이며, 117년 동안 열차에서 내리는 사람들과 인천항, 차이나타운 등의 주변 변화상을 지켜봤을 인천역을 무더위가 기승을 부리던 2016년 여름에 찾았다. 현 경인선의 인천역사驛舍는 수도권 전철 개통 전으로, 일반 열차가 다니던 시절인 1960년에 지어졌다.

1900년 지어진 첫 역사는 건평 300㎡였다. 첫 인천역사는 서울역에서 의미를 유추해 볼 수 있다. 서울역은 1900년 33㎡짜리 목조 바라크 Barrack 건물을 염천교 아래 논 가운데 짓고 '남대문 정거장'이라 부른 것이 시초다. 1910년 경성역으로 개명했으며, 교통의 요충지로서 역할이 증대되면서 새 역사 건립을 추진, 1922년 6월 착공해 1925년 9월에 준공했다. 이 건물이 현재 신 역사 옆에 자리한 구 서울역사이다.

본래 서울역은 인천역사보다 작은 규모였지만 신축으로 규모가 커졌다. 일제강점기에 서울역사는 신축되지만 인천역사는 그렇지 않았던 것이다. 인천재능대 손장원 교수는 역의 성격에서 역사의 신축 여부가 결정된 것으로 봤다. 그는 "구 서울역사가 신축되고, 부산·평양 등의 역사도 상당한 규모로 건설됐다. 인천역은 사람보다는 화물을 주로 처리하는 역이었으며, 교통 요충지로서의 기능은 적었기 때문에 신축되지 않은 걸로 보인다."고 말했다.

1960년에 지어진 현재 인천역사는 774.9㎡로 크지 않은 규모다. 인천역은 여객보다는 인천항을 통해 화물을 취급하기 위해 부두를 따라 선로가

1 최초의 기관차 모갈1호. 모갈1호는 철도개통시 사용된 첫 열차를 견인한 증기기관차다. 미국 브룩스사에서 4대가 제작된 후 반제품으로 운송해 1899년 인천에서 조립됐다.

2 인천역에서 열린 경인철도 개통식. 멀리 월미도가 보인다.

3 초기의 인천역사. 여객의 운송보다는 화물운송과 철도운영에 직접적으로 필요한 시설에 한정됐다. 300㎡ 규모였다.

[제공=인천시립박물관]

인천역 광장에 있는 한국철도 탄생역 표지석은 우리나라 최초의 기관차인 모갈 1호를 본 떠서 만들어졌다. 옆면에 우리나라 철도 탄생과 그로 인한 변화상 등이 기록되어 있다.

부설되어 있다. 역사는 작지만, 전용선·지선을 포함해 총 1천315량의 화차貨車를 수용할 수 있도록 설계돼 구내는 넓다. 그러다 보니 전체 넓이에 비해 역사가 작은 느낌이라 수도권의 여타 전철역과 달리 소박한 정취를 풍긴다. 인천항까지 직선 거리로 300m 정도로 가깝다보니 전철에서 내리면 바다 내음을 맡을 수도 있다.

2016년 2월 27일 수인선 송도~인천 구간이 개통되면서 인천역은 현대적 느낌의 역사로 재탄생할 걸로 예상됐지만 지하로 내려가는 출입구가 새로 만들어지는 데 그쳤다. 간이역 느낌의 소박한 분위기를 내는 기존의 역사는 그대로 유지됐다.

이 같은 인천역의 독특한 분위기는 영화와 드라마, CF 등의 배경에서도 표출된다. 영화 <엽기적인 그녀>에서 남자 주인공(차태현)과 여자 주인공(전지현)이 만나 지하철을 함께 타고 도착한 곳이 바로 인천역이다. <엽기적

현재 역사는 1960년에 지어졌으며, 2015년 12월 내부 리모델링을 통해 천장과 바닥,창틀, 문을 새로 교체했다. 또한 역명판도 LED로 교체했다.

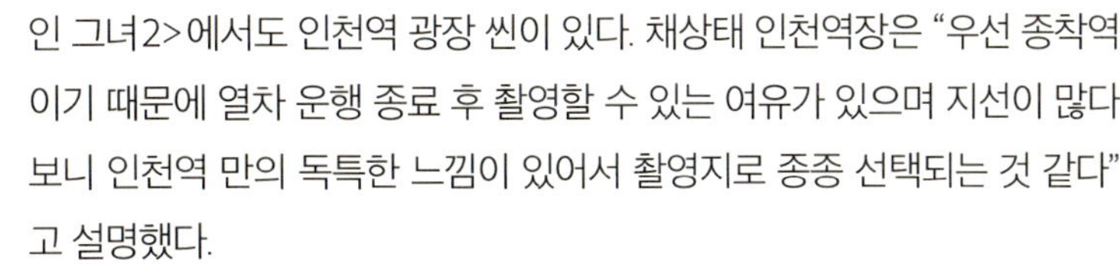

인 그녀2>에서도 인천역 광장 씬이 있다. 채상태 인천역장은 "우선 종착역이기 때문에 열차 운행 종료 후 촬영할 수 있는 여유가 있으며 지선이 많다 보니 인천역 만의 독특한 느낌이 있어서 촬영지로 종종 선택되는 것 같다"고 설명했다.

인천역은 수인선 개통 전인 2015년 12월 내부 리모델링을 했다. 천장과 바닥, 창틀, 문을 비롯해 역사 지붕에 역명판을 LED로 교체했다. 인천역의 하루 열차 운행량은 평일 기준으로 경인선 262회, 수인선 166회, 화물 열차 4회 등 432회다. 수인선 개통 이후 승객 수도 2배 가까이 증가했다.

채 역장은 "차이나타운과 동화마을 등을 찾는 사람들이 늘면서 주말 승객이 많이 늘었다. 앞으로 승객은 더 늘어날 것으로 전망된다. 종착역이기 때문에 취객 사고, 수인선 개통 후 지상과 지하를 잇는 에스컬레이터의 사고 등을 방지하기 위해 더욱 신경 쓰고 있다. 수년 전부터 복합역사 건립에 대한 계획이 나오고 있지만, 국토부 승인을 얻어야 하는 부분과 민간 사업자가 나서야 되는 부분 등 해결해야 할 부분이 많기 때문에 좀 더 지켜봐야 한다"고 덧붙였다.

경인선과 수인선이 시작되고 끝나는 곳. 먼 길을 달려온 경인 전철이 출발 신호음과 함께 뜨거운 선로 위를 따라 다시 길을 나선다.

수인선 송도역사

1937년 수인선 개통과 함께 문열어

이제 오지않는 꼬마열차,
초라한 역사驛舍엔 역사歷史만 남았다

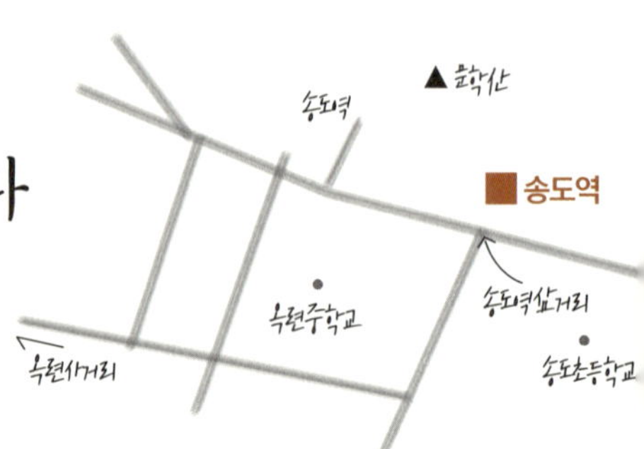

언제나 뒤뚱거리는 꼬마열차의 크기는 보통 기차의 반쯤 된다. 통로를 사이에 두고 서로 마주 보며 앉게 되어 있는데, 상대편 사람과 서로의 숨결이 느껴진다고 해도 과장이 아니다. 이것이 바로 수원과 인천 사이를 오가는 수인선 협궤열차이다. (…중략…)

가을에 그 작고 낡은 기차는 어차피 노을녘의 시간대를 달리게 되어 있었다. 서해안의 노을은 어두운 보랏빛으로 오래 물들어 있고, 나문재의 선홍색 빛깔이 황량한 갯가를 뒤덮고 있다.

– 윤후명, 『협궤열차』(책 만드는 집, 2012) 중에서

지난 2016년 2월 수인선 송도역~인천역 구간이 폐지된 지 20년 만에 재개통했다. 앞으로 한대앞역~수원역 구간이 완공되면 인천에서 수원까지 52.8㎞의 수인선이 모두 이어지게 된다.

하지만 그보다 훨씬 이전에 수원과 인천을 오가는 조그마한 크기의 동차動車가 있었다. 열차의 레일 간격은 762㎜로 국제 표준 궤(1천435㎜)의 절반에 불과했다. 수원과 인천을 오가며 궤간 너비가 표준보다 좁았기 때문에 사람들은 이를 수인선 협궤열차로 불렀다. 이 열차는 1937년 일제의 쌀·소금 수탈 수단으로 건설됐지만 광복 이후 1990년대 중반까지 약 50년 동안은 서민들의 발 역할을 했다.

그러나 1970년대 교통망이 확충되면서 수인선의 화물과 여객이 크게 줄었고, 1973년 11월 종착역인 남인천역(수인역)이 폐쇄됐다. 이후 수원~송도 구간만 운행하다 1977년부터 화물 운송이 중단됐고 1995년 12월에는 '경제성 부족'을 이유로 여객 운송마저 멈춰 역사의 뒤안길로 사라졌다.

협궤열차가 운행을 중단한다는 소식에 많은 사람이 섭섭해 했다. 하지만 경제성 논리에서 협궤열차만 예외가 될 수는 없었다. 열차가 폐지되면서 수인선의 역사驛舍들은 대부분 사라졌다. 종착역이었던 남인천역(수인역)은 일찌감치 사라졌고 그 터만 남아 화물 주차장으로 사용되고 있고 이용객이 가장 많았던 소래역도 몇 년 전 철거되고 시내버스 종점이 됐다.

2016년 4월 1일 수인선 역사 중 유일하게 자리를 지키고 있는 옛 송도역사를 찾았다. 1937년 수인선 개통과 함께 만들어진 송도역은 1973년 남인천역이 폐쇄됨에 따라 20여 년 동안 수인선 인천지역의 시종착역 역할을 했다. '송도'라는 지명은 섬처럼 생긴 곳에 소나무가 많다는 의미로 일본이 붙인 것이다.

일제강점기 시절 조선총독부는 도시 규모에 따라 갑(50~60평)·을(48평)·병(38평)·정(30평) 등 크기에 맞춰 역사를 설계했다. 송도역사의 규모는 125㎡(38평)로 당시 중소도시에 많이 세워지던 '병형'으로 설계됐다. 개통 당시 송도 지역의 규모를 짐작할 수 있는 대목이다.

1985년 7월부터 1988년 1월까지 송도역장을 지낸 박철호 씨는 "내가 역장을 처음 맡았을 때는 이미 승객이 많이 줄어든 상황이었음에도 주말에는 1량을 더 달아 3량으로 운행할 정도로 승객이 많았다. 출퇴근 시간에는 학생이나 직장인들이 많이 이용했고 주말에는 소래포구를 가는 사람들이나 나들이객이 역을 많이 찾았던 것으로 기억한다"고 당시를 회상했다.

3,4 수인선 송도역~인천역 구간이 폐지된 지 20년이 지나 2016년 2월 재개통했다. 현재의 수인선 열차와 송도역사 모습.

1 1988년의 송도역 모습 [제공=인천광역시]

2 수인선을 달리던 옛 협궤열차

수인선 폐쇄 이후 유일하게 자리를 지키고 있는 옛 송도역사 모습.

이어 그는 "주말이면 역 앞에서는 송도 갯벌에서 잡은 해산물이나 다른 지역에서 가져온 농산물을 판매하는 시장이 열렸다. 짐을 나눠 들고, 혼인 중매가 이뤄질 정도로 협궤열차 안에는 정이 있었다"고 덧붙였다.

역사는 철도와 평행하게 배치됐고 선로를 조작하는 운전실은 철도가 잘 보이는 직각 방향으로 자리잡았다. 일제강점기의 철도역사 표준설계도의 특징이 그대로 적용됐다. 이와 함께 철도 방향으로 돌출시키고 넓은 창문을 배치해 기차의 위치를 쉽게 확인할 수 있도록 만들었다.

과거 많은 사람이 이용했던 송도역이지만 현재는 세월의 흐름을 이기지 못한 채 초라한 모습이었다. 역사 정면에 쓰인 '송도'라는 두 글자 이외에

는 이곳이 옛 송도역이었다는 어떠한 증거도 찾아볼 수 없었다. 인천지역에서 유일하게 남아있는 '철도 급수탑(증기기관차에 물을 공급하는 시설)'도 녹이 슨 채 방치되고 있었다.

그나마 이곳을 임대해 쓰고 있는 업체에서 건물 주변 정리를 하고 있어 쓰레기로 가득하지는 않다는 것이 유일한 위안거리였다. 하지만 역사 내부는 여러 임대 업체들을 거치면서 수차례 변경돼 원형을 알 수 없는 상황이다.

수인선 인천 구간이 개통되면서 수인선을 다시 떠올리는 이들이 많아졌다. 이에 따라 곳곳에서 수인선 역사가 문화재로 보전돼야 한다는 의견이 나오고 있다. 인천재능대 손장원 교수는 "우리나라에 현존하는 유일한 협궤열차 역사이고, 소래철교와 더불어 인천 지역에서 수인선을 추억할 수 있는 둘뿐인 시설물"이라며 "일각에서는 송도역사驛舍의 내부가 많이 변형됐기 때문에 건축학적 보전가치가 없다고 판단하는 사람이 많다. 하지만 수인선 관련 시설, 더 나아가 우리나라에 남아있는 마지막 협궤열차라는 것은 충분히 다음 세대에 물려줘야 할 유산이 될 수 있다"고 설명했다. 특히 "송도역 인근에 위치한 '철도 급수탑'은 전국적으로 보기 드문 철제 급수탑이므로 특별히 보전대상으로 관심을 기울여야 한다"고 강조했다. 이어 그는 "현재 위치를 지킬 수 없다면 바로 옆으로 이전하더라도 송도역사는 반드시 보전돼야 한다"고 덧붙였다.

이 때문에 지난 2012년부터 인천시 문화재로 지정하기 위한 움직임이 계속됐지만, 아직 지지부진하다. 게다가 도시개발사업지구에 송도역 일부 부지가 포함된 상황이다. 만약 문화재로 지정되지 않는다면 옛 소래역처럼 개발 논리에 밀려 한순간에 사라질 수도 있다.

공원으로 꽃단장한 근대수도시설 **송현배수지 제수변실**

물 흐르며 지킨 백년

상수도 시설은 근대 도시가 갖춰야 하는 기본 인프라 중 하나이다. 인천 최초의 상수도 시설이자 도시계획시설인 송현배수지의 1908년 준공은 인천사史에서 큰 의미를 가진다. 인천은 원래 우물이 적었으며 다른 지역에 비해 수질도 나빴다고 한다. 개항 이후 사람들이 몰려들면서 물 확보가 최대 숙원으로 떠올랐다.

인천 거주 일본인들을 중심으로 상수도 건설 계획이 본격화됐다. 1905년 나카지마(中島鋭治·1858~1925) 박사에 의해 경인수도 설계가 완성됨에 따라 1906년 11월 공사에 착수, 1908년 송현배수지 시설이 준공됐다. 이어서 한강 연안 노량진에 있었던 수원지 정수시설이 1910년 10월 준공돼 그해 12월부터 급수가 시작됐다.

수원지는 노량진 일대고 급수 지역은 서울 사대문 안과 용산, 인천 등 3개 지역이었다. 당시 인천부청 조사에 따르면 수도가 공급된 지 2년 후인 1912년 말 인천시민 중 수도 혜택을 받은 가구는 2천 143가구로 전체 가구의 28%에 불과했고 나머지는 여전히 우물에 의존하였다. 급수 인구는 7만 명에 달했지만 노량진 수원지의 취수 능력은 턱없이 부족했다.

조선총독부는 1914년 영등포 지역의 급수를 위한 송수관 연결 공사를 마친 데 이어 1917년 한강 인도교에 400㎜ 굵기의 철관을 가설하는 등의 대책을 통해 인천의 수도 공급률을 80% 수준까지 끌어올렸다. 이후 인구 증가로 인해 노량진 수원지를 확장하고, 1940년에는 부평에 가압 펌프장을 설치해 9천t이던 1일 송수량을 1만6천t으로 확대했다. 하지만 수요증대에 대한 대비가 늦어지면서 해방 이후 격일제 급수가 시행되는 등 물 공급이 지역 최대 화두로 다시 떠올랐다.

『격동 한 세기 인천이야기』(다인아트, 2001)에서는 지역 원로의 말을 인용

송현배수지 제수변실 23개의 장대석 계단과 함께 철제 대문도 준공 당시 구조물이다. 콘크리트 기둥을 심고 4각 모양과 둥근 화강석을 주두로 장식했다.

해 '1940년대 후반 격일제로 물을 공급할 무렵 일반 시민은 물론 소규모 공장이나 가내수공업을 하던 이들은 공장 가동조차 제대로 하지 못한 채 일손을 놓기 일쑤였다' 고 당시 상황을 묘사했다.

송현배수지는 인천광역시 동구 송현동의 송림산 또는 만수산이라 불리던 야트막한 산(해발고도 56.8m 지점)에 자리 잡았다. 배수지시설이 들어선 후부터 이 산은 수도국산水道局山으로 불리기 시작했다. 부지면적 3만 6780㎡의 송현배수지는 저수조 3개를 갖추고 있었다.

인천광역시 문화재자료 제23호인 송현배수지 제수변실은 일체식 무근 콘크리트로 지은 원통형 건물이다. 상부는 돔 지붕으로 처리하고 첨탑으로 장식돼 있으며 출입문 좌우에는 장식 몰딩을 설치하고 상부에도 활 모양의 석재 몰딩을 달아 고전적인 이미지를 연출했다.

송현근린공원 한 편에 자리 잡은 송현배수지 제수변실制水弁室(배수관의 단수 및 유압조절기능을 하는 제수밸브를 보호하는 시설물)은 인천광역시 문화재자료 제23호로, 108년 전 모습을 그대로 유지하고 있다. 송현배수지 제수변실에 가기 위해선 준공 당시 구조물인 철제 대문을 지나 화강석으로 만든 23개의 장대석 계단을 올라가야 한다. 공원이 조성된 현재에는 계단을 오르지 않고 주변의 산책로들을 이용해도 된다.

송현배수지 제수변실은 일체식 무근 콘크리트로 지은 원통형 건물이다. 상부는 돔 지붕으로 처리하고 첨탑으로 장식돼 있다. 또한, 출입문 좌우에는 장식 몰딩을 설치하고 상부에도 활 모양의 석재 몰딩을 달아 고전적인 이미지를 연출했다. 출입구 위쪽 벽면에는 '백번 흐르면 만 번 빛난다'는 뜻의 '만윤백량萬潤百凉'이라는 현판이 걸려 있다. 외관과 비교하면 내부는 단순하다. 내부 벽과 천장에는 장식이 없고 마룻널을 깔아 마감한 바닥에는 지하 밸브와 연결된 쇠막대, 이를 좌우로 돌리기 위한 핸들만이 있을 뿐이다.

우리나라에서 최초로 근대수도시설이 공원으로 조성된 송현배수지는 역사적 의미가 일상에서 공유되는 중요한 사례이다.

2 산업시설의 변화

선광미술관(옛 닛센해운 빌딩) ● 인천세관 옛 창고와 부속동
● '수탈의 거점' 일본 은행들 ● 개항기 하역업체 사무실 '카페 팟알'
● 오래된 해안동 창고들 ● 옛 인천흥업주식회사 ● 짜장면박물관 '공화춘'
● 인천우선주식회사 인천지점 ● 배다리 '조흥상회' ● 동일방직 의무실
✚ 이야기 플러스 _ 월아천

鮮
光

선광미술관(옛 닛센해운 빌딩)

1932년 이전 건축 추정… 강점기 해운회사 사무실로 사용

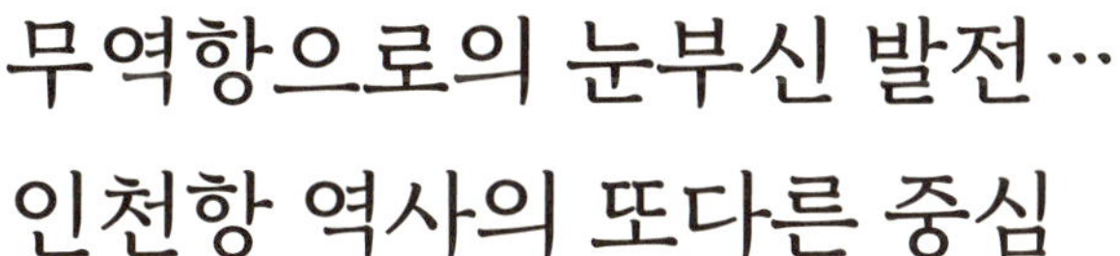

무역항으로의 눈부신 발전… 인천항 역사의 또다른 중심

1883년 개항 이전까지 인천은 서울 변두리에 있는 작은 도시에 불과했다. 비록 강제된 개항이었지만 항구가 열리자 이곳을 통해 외국의 문물이 들어왔고, 항구 주변으로는 돈과 사람이 몰리며 인천도 근대 도시로 성장하기 시작했다.

인천 중구 중앙동 4가 2-26에 있는 선광미술관(옛 닛센해운日鮮海運 빌딩)은 일제시기의 번성했던 인천항 주변의 모습을 보여주는 근대건축물 가운데 하나다. 인천에 남아있는 유일한 4층 구조의 근대건축물로 전국적으로도 보기 드문 고층 구조의 건축물이라는 가치도 있다.

이 건물은 일제 강점기 해운회사의 사무실로 쓰였다. 조선은행회사조합요록朝鮮銀行會社組合要錄(1931년판)에는 닛센해운日鮮海運(株)은 해륙 운송업, 중개업, 대리업과 그에 부대한 일체의 사업을 벌이는 업체로 1925년 10월 16일 지금의 주소에 설립된 것으로 전해진다. 회사 설립 당시에는 현재 볼 수 있는 건물이 아니었으며 각종 사진과 자료 등을 봤을 때 수년 후 사옥을 확충하면서 새롭게 지어진 것으로 추정된다.

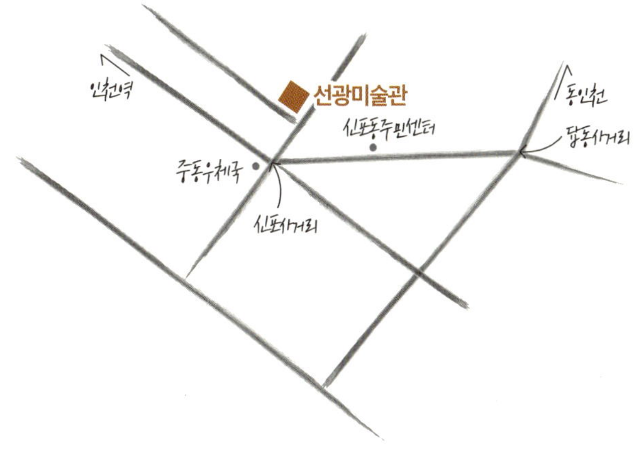

이 건물은 늦어도 1932년 10월 이전에 건축된 것으로 보인다. 1932년 조선신문사가 발간한 『인천의 긴요문제』에는 현재 건축물의 사진이 그대로 수록돼 있다. 이 책은 1932년 10월에 인쇄되고 같은 달 발행되었다.

하지만 1933년 발간된 『인천부사』의 항공 사진을 보면 지금 건물이 있던 자리에 모양이 다른 일본식 3층 건물이 확인된다. 이 항공사진에서는 인천부청(현 인천 중구청 자리로, 일제시기의 인천시청) 자리에 일본 인천영사관 건물 모습이 보인다. 기록에 의하면 인천부청 신청사는 인천영사관을 허문 자리에 1932년 8월 19일 착공했다. 『인천부사』에 수록된 사진은 그 이전에 촬영된 것으로 추정할 수 있다.

1

이 건물은 철근콘크리트구조의 지하 1층, 지상 4층 건물이다. 튼튼해 보이는 1층 위에 나머지 2~4층이 안정감 있게 자리를 잡은 형태다. 1층의 외벽은 투박하고 거친 느낌의 벽돌로 마감됐다. 1층과 2층 사이에는 굵은 띠를 둘러 층을 구분했다. 요즘 짓는 고층 아파트 건물이 시각적인 안정감을 주기 위해 저층에 띠를 두르거나 짙은 색으로 마감하는 것과 비슷한 경우이다. 2·3층은 같은 모양으로 이어지다 4층에서는 모양이 달라진다. 4층 각각의 모서리 부분을 잘라낸 듯한 모양으로 위에서 보면 십(+)자 모양을 하고 있다. 지하층에는 빛이 잘 들게 하고 빗물 유입을 막는 공간인 '드라이 에어리어'가 있었지만, 지금은 유리벽으로 덮여 있다. 건물을 개보수하는 과정에서 현재의 상태로 바뀐 것이다.

현재 건물 1층은 신축 당시 모습을 간직하고 있는 것으로 보인다. 하지만 지금 2~4층의 외벽을 마감하고 있는 타일은 언제 마감된 것인지 정확하지 않다. 장식주의적 요소와 모더니즘적 요소가 결합한 1930년대 초기 사무소 건축물로 유일하게 현존하는 4층 근대건축물이다. 민간이 세운 4층 규모의 근대건축물은 드물다. 민간회사의 사무실 건물을 높이 지었다는 것은 그만큼 땅의 경제적 가치가 높았다는 것을 보여주는 대목이다. 더욱이 건물에 사용된 철근과 콘크리트 등은 당시로서는 상당히 비싼 재료

1 1932년 조선신문사가 발간한 책 '인천의 긴요문제'에 수록된 닛센해운(日鮮海運) 빌딩. [출처=『인천의 긴요문제』]

2 인천의 향토 하역사인 선광이 장학사업 등 사회공헌을 위해 만든 선광문화재단의 사무실과 갤러리로 활용되고 있다. 현재는 이용하지 않고 있는 건물 주 출입구. 가장자리에 설치된 장식이 특이하다.

3 지난 2013년 6월 건물 1층 전체를 갤러리로 꾸며 지역 작가들의 전시 장소로 활용하고 있다.

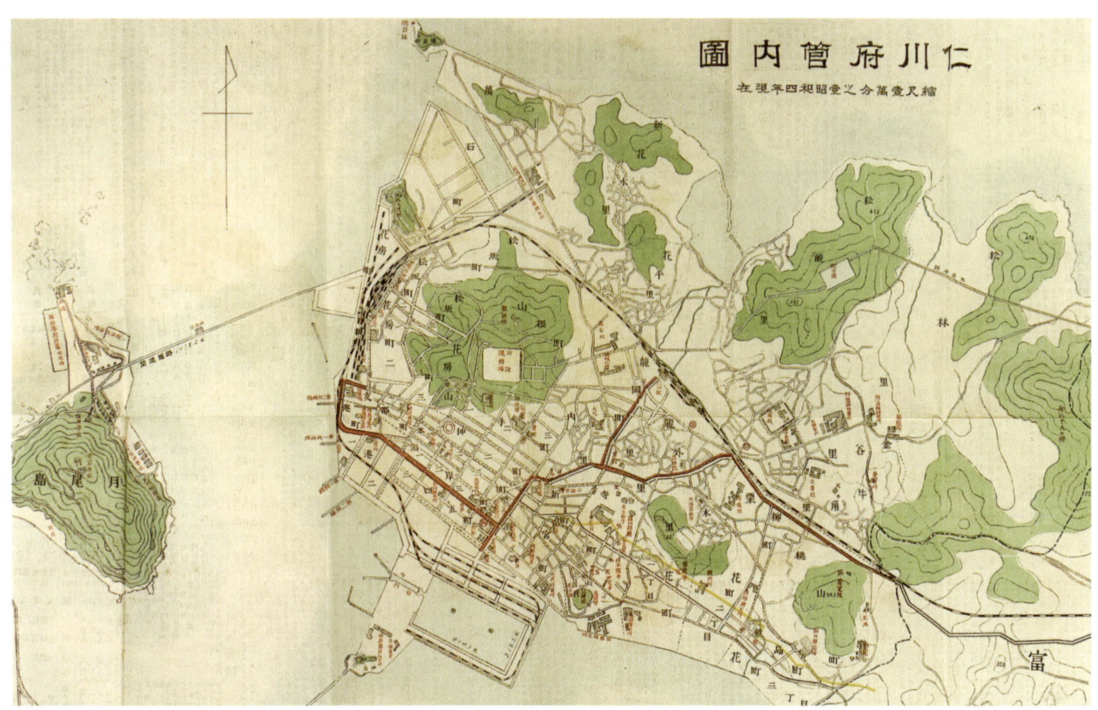

1929년 제작된 인천부관내도. 사진 속 붉은 도로가 사람과 물자 이동이 가장 빈번한 도로이며, 닛센해운 빌딩은 도로와 인접해 있다. [제공=인천시립박물관]

였다. 이처럼 비싼 재료를 사용하여 수직으로 높이 지었다는 것은 당시에도 그만큼 경제활동의 중심지로서 높은 지가를 짐작할 수 있는 것이다.

이 자리가 당시 경제 상업 활동의 중심지였다는 사실은 문헌에서도 확인된다. 『인천의 긴요문제』는 이 일대를 '인천의 현관'으로 묘사하고 있다.

"축항築港 앞 대로 - 바닷길로 인천에 입항하여 부두에 내리면 전방 좌우에 인천세관, 오사카상선회사 지점, 조선우선회사朝鮮郵船會社 지점, 인천우편국 등의 큰 건물이 나란히 서 있다. 이것이 인천의 현관으로서 바다와 육지를 연결하는 큰 대로는 이것을 거점으로 서쪽으로 인천역에 이어져 있다. 전면의 르네상스식 근대건축물은 인천우편국이다."

당시 이곳에는 무역항이 필수적으로 갖춰야 하는 통관 기관인 인천세관을 비롯해 서신 교류를 할 수 있는 우편국 등의 시설과 해운회사 사무소 등이 들어서며 항만 경제활동의 중심지가 되어갔던 것이다.

인천항은 개항 당시는 자연항이었기 때문에 큰 선박은 직접 부두에 배를 붙일 수 없어 작은 배들이 여객이나 화물을 부두로 운송하는 방식이었다. 그러다 차츰 방파제와 선박계류시설인 잔교 등을 갖추어 갔다. 인천항이 무역항으로서 성장하게 된 가장 큰 사건은 물때와 상관없이 배들이 인

1933년 발간된 『인천부사』에 수록된 항공사진. 이 사진에서는 지금의 건물이 아닌 닛센해운의 옛 건물 모습을 볼 수 있다. [출처=인천부사]

천항을 드나들 수 있게 갑문식 선거를 갖춘 '축항'의 완공이다. 이 토목공사는 1911년 착공해 1918년 마무리된 대공사였고, 선광미술관 일대는 축항 완공 이후 새롭게 형성된 중심지였다.

배성수 인천시립박물관 학예연구관은 "인천 축항이 건설되며 인천항은 부산항 다음으로 많은 화물을 처리하는 중요 무역항으로 기능하게 되었다. 자연스레 축항건설 이후 항만관련 기관이 옮겨가며 새롭게 중심지가 형성됐다"고 설명했다.

세월이 지나면서 이 건물은 공교롭게도 인천항을 중심으로 성장한 향토기업 선광이 사용해오다 지금은 이 회사가 장학사업 등 사회공헌을 위해 설립한 선광문화재단이 소유하고 있다. 선광문화재단은 지난 2013년 이 건물의 1층을 미술관으로 꾸며 지역 문화·예술인을 위한 공간으로 개방했다.

황순형 선광문화재단 사무국장은 "인천항의 역사를 살펴볼 수 있는 건물을 인천에서 성장한 향토기업이 인수해 공익을 위해 활용하고 있다는 점도 의미가 있다"며 "소중한 가치가 있는 건축물인 만큼 잘 보존하고 활용하겠다"고 말했다.

인천세관 옛 창고와 부속동

1911년 건립 後 1926년 내항 1문 인근으로 옮겨

개항의 역사 간직한 항만유산 '창고, 그이상의 가치'

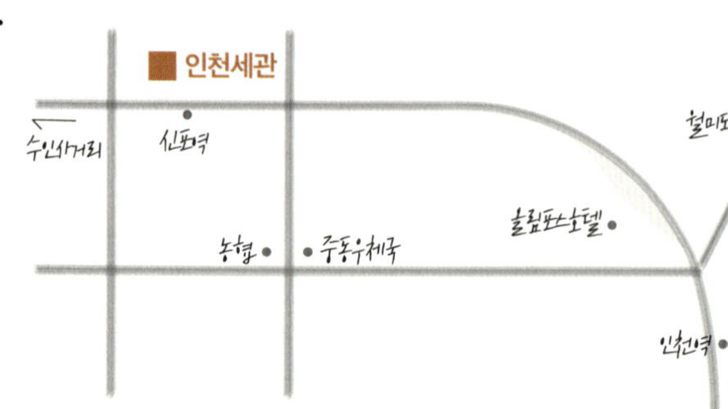

인천 중구에 최근 개통한 지하철 수인선 신포역 2번 출입구는 인천세관의 옛 창고 한 쪽 면을 본 떠 만든 생김새로 시민들의 이목을 끌고 있다. 인천세관의 옛 창고는 수인선 철로가 계획된 길목에 있어 철거될 위기에 처했었다.

그러나 지역 사회와 학계 등이 이 창고를 인천항 개항의 항만유산으로 볼 수 있는 만큼 역사적 가치를 인정할 것을 요구하고 나섰다. 결국 이 창고는 본래 위치에서 40m 가량 떨어진 곳에 옮겨져 보존될 수 있었고, 문화재청은 지난 2013년 10월 이 창고와 부속건물 세 동을 등록문화재 제569호로 지정했다.

인천세관 옛 창고와 부속동 건물은 인천항 개항기에 지어진 건축물의 양식과 유사하게 붉은 벽돌을 쌓아올린 단층 건물 형태를 하고 있다. 인천세관 옛 창고는 지난 2013년 해체·이전을 하는 과정에서 입구를 기준으로 우측면은 원형 그대로 복원됐다.

창고는 주 출입문이 좌측면에 있었고, 보조 출입문이 전면에 있었는데 복원하는 과정에서 좌측면 입구는 막고 우측면과 같은 형태로 복원했다. 건물의 전면 길이는 증축을 거쳐 23.6m로 늘어난 상태였지만, 복원을 하면서 1911년 최초 건립 형태인 14.49m로 축소됐다. 창고는 전면 입구를 중심으로 좌우가 대칭을 이루고 있고, 건물의 처마와 창 테두리 장식 등은 15~16세기에 발달한 르네상스 양식이라고 한다. 창고 측면 좌우 벽면 끝은 기둥 상부에 사각형 석판을 올리고, 그 위에 둥근 형태의 장식을 뒀다. 측면 상단 부분에 있는 물결무늬 장식도 눈에 띄었다. 창고 내부는 이전·복원하면서 내부 벽면에 나무를 덧댔고, 바닥에는 나무마루를 설치했다.

창고를 증축한 흔적은 국가기록원이 보유하고 있는 '인천세관부속연와창고증축기타공사지내창고설계도(1915년)'에서 확인할 수 있다. 부속동 모두 단층으로 옛 선거계 건물과 화물계 건물 등 2개 동이다. 옛 선거계 건물은 인천항 갑문을 운영하는 직원들이 머물던 건물로 창고, 인천세관 식당 등으로도 활용됐다고 한다. 화물계 건물은 정면 출입구 상부에 인조석으로 아치 형태로 디자인해 변화를 줬다. 이 건물은 현재 경비실로 사용되고 있다.

인천세관의 역사는 인천 개항의 역사와 궤를 같이 한다. 조선은 관세행정과 해관 운영 등에 경험이 없던 탓에 1882년 청나라 독일영사관에서 근무하던 독일인 묄렌도르프Mollendorff, Paul Georg von를 총세무사로 고용하며 청나라식 관세 제도를 도입한다. 이에 세관은 청나라의 영향을 받아 해관海關이라는 이름으로 불렸다. 서양인들에게 낯선 조선의 항구 도시 인천은 청나라의 발음을 따라 'JENCHUAN'으로 알려졌다.

이 같은 사실은 초기 해관의 통계를 기록하고 있는 '조선해관연보(1885~1893)'에서 찾아볼 수 있다. 인천해관 통계를 'JENCHUAN' 항목에 기록하고 있는 것이다. 이어 청일전쟁에서 승리한 일본이 대한제국의 재정을 틀어쥐며 일본식인 세관稅關으로 변경된다. 인천은 1883년 1월 개항한 뒤 같은 해 6월 16일 인천 중구 항동 1가 1번지(현 파라다이스호텔 인근)에 목조 형태의 단층 건물이 세워지며 세관의 역사가 시작된 것으로 알려져 있다.

1,2 인천세관 옛 창고 측면에 있는 철재 창과 내부 천장을 지지하는 트러스의 모습.

3 인천세관의 옛 화물계 건물은 세관 화물 검사를 담당하던 직원들이 사용했던 것으로 알려져 있다. 건물 입구 상부 인조석이 눈에 띈다. 현재는 인근의 세관 창고 경비실로 사용하고 있다.

1

2

그러나 최근 세관 역사를 발굴하고 있는 김성수 서울본부세관 감사계장은 이 같은 설을 뒤집는 새로운 주장을 내놓기도 했다. 그는 1883년 4월 일본군인 이소바야시 신조磯林眞三가 제물포 일대를 그린 지도에 나타난 해관의 위치와 러시아인으로 기술사Engineer인 베코프스키Vladimir S. Bekofsky가 그린 인천 청국조계지 평면도의 '옛 세관 건물Old Customs House' 위치가 일치한다는 것이다. 이 위치는 첫 청사로 알려진 파라다이스호텔 인근과는 거리가 상당히 떨어져 있으며, 현재 차이나타운과 인천역 사이 인근이라고 한다.

이 사실이 인정될 경우 그 동안 첫 번째 청사로 알려진 곳은 두 번째가 될 가능성이 높다. 인천세관의 파라다이스호텔 인근 청사는 1885년 7월 화재가 발생해 소실됐고, 곧 그 자리에 건물을 재건했다. 이어 1907년 해안 쪽으로 2층 목조의 임시청사를 지었다.

1911년 인천세관은 다시 초기 청사가 있었던 올림포스호텔 우측으로 기역(ㄱ) 자 형태의 세관 건물을 짓는다. 첫 청사가 인정될 경우 인천세관의 다섯 번째 청사다. 이 건물의 도면은 국가기록원이 갖고 있는 '인천세관청사분석실화물검사장설계지도(1911년)'에서 확인할 수 있다.

이후 인천세관 청사는 1926년 건물 전체를 해체하여 지금의 인천항 내항 1문 인근으로 옮긴다. 그러나 1950년 한국전쟁을 거치며 인천세관 청사는 폭격에 사라졌고, 이에 세관은 인천 중구 사동에 임시로 세관 건물을 확보해 5~6년간 사용한 것으로 알려졌다.

인천세관은 다시 청사를 1959년 8월 현재 인천항 내항 1문 인근으로 옮겨 새로 짓는다. 인천세관이 인천에 둥지를 튼 지 여덟 번째 청사다. 이어 지난 1989년 현재의 인천항 3문 입구 옆 인천 중구 항동 7가 1-18로 신축 이전계획이 확정되어 옮긴 후 오늘에 이르고 있다.

초창기 인천해관의 직원들은 수출입통관 등 세관 고유업무 이외에도 제물포 조계지 도시계획, 기상 관측, 우편사업, 검역 등 정부행정의 상당 부분을 담당했다고 한다. 세관의 역사를 발굴하고 연구해 온 김성수 서울본부세관 감사계장은 "인천세관은 개항 역사를 따라 위치를 옮겨가며 정부의 주요 행정 사무를 처리하는 종합청사 역할을 했다"며 "개항의 역사를 함께 한 인천세관의 옛 창고와 부속동은 문화유산으로서 가치가 충분하다"고 말했다.

1 인천세관 옛 선거계 건물의 내부 모습. 현재는 오랫동안 사용하지 않아 내부의 벽과 천장 등이 훼손돼 있다.

2 인천세관의 옛 선거계 건물은 인천항 갑문을 운영하던 직원들이 사용한 것으로 알려져 있다. 지붕은 누수가 심해 천막으로 덮어놨다.

'수탈의 거점' 일본 은행들

제1은행, 제18은행, 제58은행

일제의 경제침략 본거지에서 시작된
한국 금융의 역사

세 사람은 대불호텔을 지나서 은행거리로 접어들었다. 일본제1은행과 일본제18은행이 개점하면서 이 넓은 길은 '은행거리'라고 불리기 시작했다. (… 중략 …) 왜나막신을 신은 일본인들로 붐비는 은행거리로 다시 접어들었다. 여름에 개점 예정인 제58은행은 공사가 한창이었다. 초상집과 감옥의 서글픔 따윈 낄 자리가 없었다. 어제보다 나은 오늘, 오늘보다 나은 내일을 향한 열망이 건물과 함께 우뚝했다.

– 김탁환, 『뱅크』(살림, 2013) 중에서

근대란 자본주의 세계이다. 경제지배가 진짜 지배이고 이를 위해 은행이 들어오는 것은 당연하다. 일본 또한 조선 경제 침탈을 위해 은행을 앞세웠다.

조선 상인들은 개항장에서 주도권을 행사하기는커녕 일본 상인들에게 밀려 몰락할 위기에 처했다. 1899년 개성, 서울, 인천 상인들은 대한제국 황실의 재정 지원을 받아 '대한천일天一은행'을 세웠다.

강화도조약이 체결된 1876년부터 러일전쟁 시기인 1905년까지 인천을 배경으로 한 소설『뱅크』는 우리나라 최초의 은행인 천일은행 탄생이 소재이다. 역사적 사실에 바탕을 둔 '뱅크'에서 치열한 돈줄 쟁탈전이 전개된다. 소설에서 그려진 것처럼 19세기 말 한반도에서 벌어진 열강들의 세력 다툼에서 실권을 쥔 일제는 가혹한 경제적 수탈을 자행했다. 잇단 화폐개혁, 토지몰수, 토지를 담보로 한 대출, 미곡 탈취 등은 일제가 경제 수탈의 수단으로 식민 통치 기간 내내 시행한 정책이었다.

경제 수탈의 앞잡이 역할을 한 일본계 금융 기관이 인천에 처음으로 들어온 것은 개항된 1883년이다. 그해 11월 인천지역 최초의 은행인 일본 제1은행 부산지점 인천출장소가 개설됐다. 이 은행의 주요 업무는 한국산 금 매입과 해관세 취급이었다. 일본 상인에 대한 대출 등으로 업무가 확장되자 1888년 9월 인천지점으로 승격됐으며, 한 달 후에는 서울에 인천지점의 출장소를 두기에 이르렀다. 이처럼 인천에 일본 상인이 늘고 거래량도 급증하자 1890년 10월 제18은행이 인천에 지점을 냈다.

또, 1892년 7월 인천전환국에서 주조하는 신화폐와 구화폐의 교환을 주목적으로 제58은행도 인천에 지점을 열었다. 이어서 일본의 보험회사들도 잇따라 인천에 진출하는 등 1900년대 초 조직적으로 건너와 인천에 문을 연 일본계 금융업체는 20여개에 달했다고 한다.

일본인들은 자신들이 모여 살던 거류지의 중심가를 본정통本町通이라 불렀다. 현재 인천 중구청 정문 앞 신포로 23번길을 따라 수십m 사이에 일본 제1은행, 제18은행, 제58은행 건물이 옛

모습 그대로 자리 잡고 있다.

조우성 인천시립박물관장은 "인천의 본정통은 경제 침략의 본거지로 보면 된다. 개항 이후 세관이 설립되고, 물품이 오고 가면서 자금의 결제에 은행이 필요했으며 요충지에 일본 은행들이 자리 잡았다"고 설명했다.

100여 년 전 우리 경제 수탈의 상징인 인천의 일본 은행들은 19세기 일본이 받아들인 서구식 건축 양식을 고스란히 드러낸 건축물로 그 가치를 인정받고 있다. 1899년에 완공된 것으로 알려진 제1은행의 설계자는 니이노미 다카마사新家孝正다. 모래와 자갈, 석회를 제외한 벽돌, 석재, 시멘트 및 목재 일체의 건축자재를 일본에서 가져와 사용했다. 이 석조 건물이 세워지기 전 제1은행은 서양식 목조 2층의 외벽에 페인트칠을 한 건물에서 영업했다.

『손장원의 다시 쓰는 인천근대건축』에서는 이 건물의 전체적 외관은 주출입구를 중심으로 좌우대칭을 구성한 절충주의 양식의 건축물로 규정하고 있다. 출입문 상부에 반원 아치Arch를 틀었으며, 주출입구 상부의 지붕에는 르네상스풍의 돔Dome을 올려놓았다. 넓은 공간을 만들기 위해 내부에 4개의 기둥을 세워 지붕 구조체를 지지하도록 했다. 인천광역시 유형문화재 제7호로 지정됐다.

1 1930년대 인천 본정통 모습. 사진 오른편에 일본 제1은행이 보이며 중앙 쪽에 제58은행 지붕과 그 앞에 제18은행 지붕이 보인다. [제공=인천한중문화관]

2 초기 목조 건물을 사용하다 1899년 완공된 제1은행. 인천광역시 유형문화재 제7호로 지정되었으며 현재 개항박물관으로 사용되고 있다.

건물 출입구 상단에는 조선은행이라고 뚜렷이 새겨져 있다. 이는 제1은행이 식민지 시대 중앙은행인 조선은행으로 승격되면서 얻은 이름이다. 해방 후 한국은행이 그 역할을 이어갔지만, 옛 흔적은 고스란히 남았다.

1890년대 인천에 살고 있는 일본인의 절반가량은 야마구치山口, 나가사키長崎 사람들이었다. 나가사키에 근거지를 두고 설립된 제18은행은 나가사키 출신 상인들을 위한 금융 서비스를 제공하기 위해 인천에 첫 해외

1892년 신 구화폐 교환 목적으로 설립된 제58은행. 인천광역시 유형문화재 제19호로 지정됐으며 현재 중구요식업조합 사무실로 사용중이다.

지점을 냈다.

이 건물은 기단을 석조로 처리한 뒤 벽돌을 쌓고 그 위에 돌을 붙여 전체적으로 석조물로 보이도록 했다. 지붕형식은 모임지붕이며, 일본식 기와로 마감됐다. 일본 제1은행과 제58은행 인천지점이 금고를 본관 외부에 설치한 것과 달리 이 은행의 금고는 내부에 설치돼 있다.

제58은행은 대외 상거래가 가장 활발한 오사카大阪에 본점을 두었던 은행이다. 인천광역시 유형문화재 19호인 이 건물의 벽돌은 일본에서 들여온 것이다. 프랑스풍의 건축물로 초기 양식건축의 특징을 잘 드러내는 이 건물은 석조기단과 발코니, 도머창, 맨사드지붕이 조화를 이루고 있다.

이들 세 은행이 정치 자금의 융자와 해관세의 취급, 한일 양국의 국고금 취급 등에서 특허를 받으면서 인천 개항장은 한국 금융무역의 중심지로 떠올랐다. 그러나 한일병합 이후 모든 제도와 업무가 서울 중심으로 변해 감에 따라 각 은행 지점들도 본부를 서울로 옮겨 갔다. 이에 따라 인천의 은행들도 그 기능을 축소하면서 기본적인 금융업무만을 보는 곳으로 정체됐다.

해방과 한국전쟁은 인천지역 금융 판도를 바꿔놓은 큰 사건이다. 100여년의 시간을 거치면서 세 은행의 건물은 금융기관을 비롯해 각종 기관의 사옥으로 사용됐다. 현재 제1은행과 제18은행은 인천 중구청이 개항박물관, 근대건축전시관으로 각각 운영하고 있으며, 제58은행 건물은 중구요식업조합이 사무실로 쓰고 있다.

지역의 각급 학교 학생들에게 현장 체험 학습장으로 인기를 끌면서 평일 하루에 500~800명의 관람객이 찾고 있는 개항박물관과 근대건축전시관은 주말에는 외지에서 인천을 찾은 단체 관광객과 가족 단위 관람객들에게 100여년 전 역사를 전하고 있다.

조우성 관장은 “민간에서 사용하고 있는 제58은행 건물의 경우 공공의 자산으로 활용되지 못하고 있다. 인천시가 건물을 사들이기 힘들다면 지역 독지가가 구입 후 시에 기탁하는 방법이 있을 것이다. 지역의 근대 문화재들을 적극적으로 보존하면서 문화 자원화의 방안을 모색해야 한다”고 말했다.

재미있는 것은 은행이름에 쓰인 숫자이다. 이는 1872년 실시된 일본의 국립은행조례에 의해 인가된 허가번호에 따라 각 은행을 ‘제00국립은행’으로 명명한데 따른 것이다. 국립이지만, 국가가 운영한 것은 아니고 국가의 통제를 받는 민간업자가 설립해 운영했다. 1번에서 153번까지 있었고, 이들 은행은 서로 인수와 합병을 거듭하며 새로운 이름을 부여받았다.

인천에 진출했던 일본의 세 은행 중 제1은행과 제58은행은 현재 미주보은행이란 하나의 은행으로 통합됐으며, 제18은행은 현재도 같은 명칭으로 영업하고 있다.

일본인 장사치들의 노동력 착취 현장 개인이 되살린 근대건축물의 성지

개항기 인천항에 노동인력을 공급했던 하역 업체의 사무실로 쓰인 '인천 구 대화조大和組 사무소'(등록문화재 567호)에는 현재 '카페 팟알pot_R'이라는 이름이 붙어있다. 카페 주인인 백영임 씨에 의해 지난 2012년 8월 문을 열었다. 개항장 일대인 인천 중구 관동1가 17에 있는 이 곳은 인천의 등록문화재 가운데 민간이 소유한 유일한 건물이기도 하다. 해방 직전까지는 하역 업체인 대화조大和組의 사무실 겸 숙소로 쓰였다.

인천에 많이 남아있던 근대 건축물들은 대부분 그 존재 가치를 제대로 알리기도 전에 소리 없이 사라져버리거나 운이 좋게 남아있던 일부는 박물관으로 활용되고 있다. 거주 목적의 건축물이 본래 목적을 잃고 원 기능을 하지 못한다는 점에서 보면 건축물의 입장에서는 두 경우 모두 죽은 것이나 다름없다.

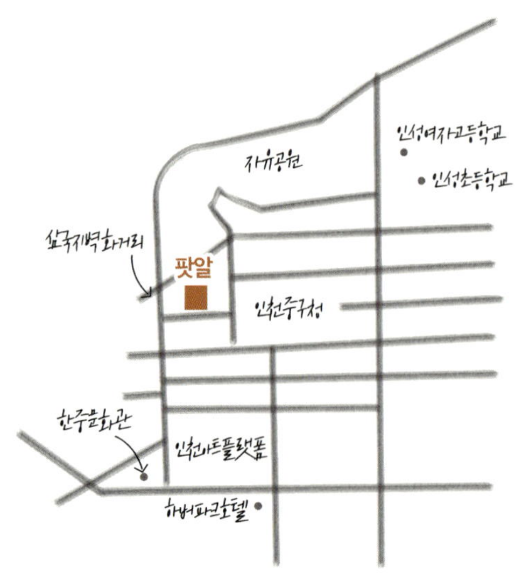

팟알
96-2

카페 팟알은 인천에 남아있는 근대 건축물 가운데 운이 좋은 편에 속한다. 단순히 목숨을 건지는 데 그치지 않고 사람들로 북적이며 사랑받는 공간으로 다시 태어났기 때문이다. 커피와 팥빙수, 나가사키 카스텔라로 유명한 '맛집'이자 근대건축물에 관심이 있는 사람이라면 누구나 한 번쯤은 거쳐야 하는 필수 답사 장소가 됐다.

1883년 제물포항이 문을 열고 무역항이 되며 해상 교역량이 늘어나자 짐을 배에서 부두로, 배에서 배로 옮기는 노동력이 필요했다. 대화조는 인부를 해운회사에 공급하는 업체 가운데 하나였다. 이 건축물은 일본 도시 상인들이 사용하던 일반적인 점포 겸용주택의 하나인 정가町家(마찌야) 형태의 건물이다. 인천 일본 조계지에 현존하는 유일한 정가 양식 건물로서 건축사적인 가치가 높을 뿐 아니라 일제강점기 하역노동자의 노동력 착취의 현장으로서 역사적 가치가 크다고 문화재청은 설명하고 있다. 3층 높이의 이 건물의 1층은 손님들을 위한 테이블과 주방이, 2~3층은 다다미방이 차지하고 있다. 100여년 전에는 1층은 사무실로 2~3층은 노동자들의 숙소로 쓰였다.

개항 이후 20년 간 인천의 변천사를 요약한 『인천번창기』(1903)의 부록 『관민인명록』의 '하역 구미(組)' 항목에서 '대화조'를 비롯한 8곳의 업체가 활동했던 것을 확인할 수 있다. 일본인의 관점에서 인천의 변화를 기술한 책 『인천개항 25년사』(1908)를 보면 이 회사와 회사 대표인 히로이케 데시로廣池亭四郎에 관한 설명이 있다.

"히로이케 데시로, 야마토조장大和組長 : 히로이케는 메이지 18년(1885)에 인천으로 와서 당시 조운업을 하는 아카마조합赤間組에서 근무했다. 메이지25년(1892) 2월 6일 아카마조합을 야모토조합大和組으로 상호를 변경하고 조장이 되었다. (…중략…) 현재 하역부 100여명, 단평선團平船 10척, 삼판선三板船 7척을 소유하고 있으며 또한 남포南浦 출장소를 설립해 취급하는 화물은 오사카상선大板商船, 요시다조합慶田組, 세창양행世昌洋行 그 외 내외선박 무역상 등의 위임을 받고 있다. 그는 후쿠시마福島, 아사히朝日 두 조직과 서로 연합해 인천 노동사회의 큰 인물이 되었다."

조선인 노동자들은 이러한 업체들의 통제 아래 부두에서 일하며 당시 무역을 장악한 일본인에게 노동력을 착취당했던 것으로 보인다. 배성수 인천시립박물관 전시교육부장은 "항만·물류업은 노동력을 기반으로 하는 산업이다. 조선인 노동력의 착취를 기반으로 비로소 제물포항이 근대 무

1

2

1 시민문화운동조직인 해반문화사랑회의 사무국장으로 활동하던 백영임씨가 운영하는 카페 팟알 1층 내부.

2 노동자들이 숙소로 썼던 2층 다다미방의 모습. 지금은 각종 모임장소로 활용되고 있다.

3 예전에는 노동자들 숙소인 3층 방에서 창 밖으로 제물포항의 모습이 보였다고 전해진다.

개항 초기 발행된 엽서에 나타난 대화조 사무소(흰색 점선). 언덕 위에 청국영사관(현 화교학교)과 오른쪽으로 일본영사관(현 중구청) 정문의 모습이 보인다.

역항으로서의 기틀을 갖추기 시작했다"고 설명했다.

팟알을 찾아간 날, 낮 기온이 30도를 넘어서인지 팥빙수와 시원한 음료를 찾는 손님으로 북적였다. 주말이면 숙제를 하는 건축학도와 답사 일행들로 붐빈다. 대화조 사무소가 카페로 모습을 바꾸고 사람들과 만나게 된 것은 지난 2012년 8월의 일이다. 인천의 시민문화운동단체 '해반문화사랑회'의 사무국장으로 활동하던 백영임 씨는 지난 2009년께부터 이곳을 눈여겨봤다고 한다.

"문화운동을 하다 보니 자연스레 개항장 일대의 근대 건축물에 관심이 많아졌고 건축물의 가치에 대해 제대로 알려지기도 전에 사라지는 경우가 많아 안타까웠죠."

관이 하지 못한다면 민간이라도 먼저 나서야 한다는 판단이 있었고 민간이 먼저 나서 문화유산을 지켜가는 좋은 사례를 보여준다면 지자체도 자극받을 것이란 의도도 있었다. 그는 가치 있는 건물을 물색하던 중 이 건물을 발견했다. 무작정 집 주인을 찾아가 수년 동안 집주인을 설득한 끝에 2011년 8월 매입에 성공했다. 물론 건물을 매입하기까지 집주인을 설득하기 위해 지역 예술인과 학계 등 주변의 도움도 많이 받았다.

매입에 성공했지만, 그것으로 끝이 아니었다. 1930년대 즈음 건물인 줄로 알았던 이 건물이 꽤 오래된 1880년대 말에서 1890년대 초 사이에

복원되기 이전에 촬영된 대화조 사무소 전경.

지어진 것임이 새롭게 드러났기 때문이다. 그저 요즘 쓰임에 맞게 단순히 '리모델링' 하려 했던 그의 계획은 제동이 걸렸다. 건축학자인 지인이 이 건물은 '원형복원'에 가까운 작업을 거쳐야 한다고 강하게 권유했다. 결국 내부 구조를 살리고 전문가의 고증을 거쳐 원형복원을 하겠다고 결심하고 이 일에 매달렸다. 나무 재료 하나, 돌덩이, 문고리 하나도 버리지 않고 일일이 손으로 선별해 작업해야 했다. 자연스레 공사 기간은 길어졌다.

건물의 활용도를 극대화하기 위해 용도를 카페로 열기로 하고 메뉴 선정에도 공을 들였다. 옛 문헌을 뒤져본 결과 팥빙수와 카스텔라가 많이 팔렸다는 기록을 발견하고 지금의 메뉴를 결정했다. 음식뿐 아니라 개항기 모습을 볼 수 있는 엽서 등 문화상품도 함께 판매했다. 백씨의 노력 덕에 팟알은 지난 2013년 등록문화재로 이름을 올릴 수 있었다. 해외 언론과 여행 매체에 이름도 오르고 사람의 발길이 끊이지 않는 명소가 되며 상업적으로도 성공을 거뒀지만 부작용도 없지 않다. 팟알의 성공을 모방해 모양만 흉내를 낸 일본식 건물들이 하나둘 들어서며 주변이 일본 영화 세트장처럼 변해가고 있어 가슴이 아프다는 것이다.

그는 "남아있는 건물을 복원하는 것과 이미 사라진 것을 굳이 새로 만드는 것은 엄연히 다르다. 올바른 가치가 무엇인지 진지한 고민이 있었으면 한다" 고 말했다.

오래된 해안동 창고들

인천아트플랫폼과 한국근대문학관으로 변신

첨단건축이 흉내 낼 수 없는 향수 다시 문을 연 창고, 문화가 되다

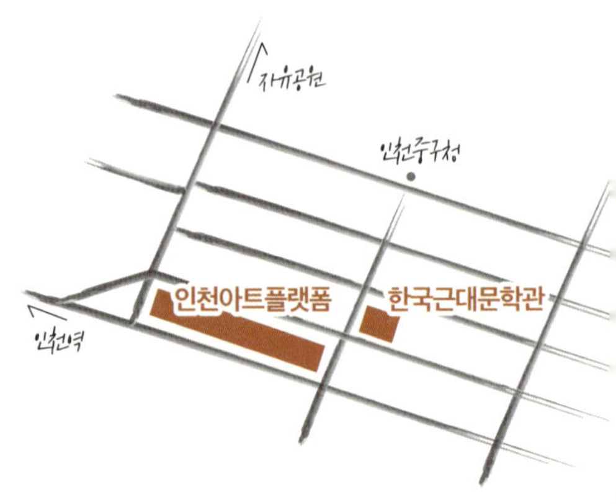

인천 중구 해안동은 개항 후 오랫동안 서구 문물 도입의 전초기지였다. 바다와 연계된 항만도시와 전통 제조업을 기반으로 하는 공업도시로 성장을 거듭하면서 인천의 도심 역할을 해왔다. 이 일대는 세계 열강이 통상의 목적을 가지고 자유롭게 거주하면서 치외법권을 누릴 수 있도록 특정 공간을 확보하기 위해 결정된 지역으로서 각국의 조계지가 형성된 곳이며 아직까지 독특한 건물 양식들과 도시계획의 흔적들이 잔존해 있는 장소이다. 인천아트플랫폼은 이러한 인천의 근현대 기억을 고스란히 담고 있는 지역에 세워졌다.

–『인천문화재단 5주년 백서』 중에서

1883년 인천항의 개항 이후 개항장(해안동) 주변에는 용도에 맞춰 크고작은 건축물들이 세워졌다. 붉은 벽돌에 삼각형 지붕을 한 창고 건물도 이 일대에서 볼 수 있는 근대 건축물이다. 인천에서 처음으로 건설된 창고는 1884년 마쓰비시 기선회사의 창고이다. 1890년 인천미두취인소가 창고를 지은 뒤 많은 창고들이 세워졌다. 하지만 당시 건설된 창고는 각 업체의 화물을 보관하기 위한 것이었으며 창고를 임대하는 방식은 아니었다. 인천에 창고업자가 출현한 것은 1907년 한성공동창고주식회사 인천출장소가 설치되면서부터다.

1919년에는 일본인이 주축인 인천창고주식회사가 설립됐다. 이듬해 인천창고주식회사는 조선실업은행 인천지점을 매수했으며 1924년 조선실업은행 인천지점이 조선상업은행 인천지점으로 통합되면서 지역 창고업은 조선상업은행 인천지점이 독점했다. 이후 1930년부터 조선은행, 조선식산은행, 동양척식회사가 대주주가 돼 창립한 조선미곡창고주식회사가 창고업을 독점했다. 1943년 운송면허를 얻은 조선미곡창고주식회사는 1961년 한국운송주식회사를 흡수했으며 이듬해 대한통운주식회사 인천지점으로 재편되었다.

1930년대 조선미곡창고주식회사 인천지점은 21개 동(7천484.3㎡·2천264평)의 창고를 소유했다. 그 밖에도 당시 은행과 해운업자, 개인 소유의 창고가 56개 동(2만5천401.8㎡·7천684평)에 달했다고 한다.

인천에 지어진 창고들은 규모에서 차이를 보이지만 구조는 대부분 비슷하다. 현재 인천아트플랫폼의 C동 공연장으로 활용되고 있는 건물은 대한통운 창고를 리모델링한 것이다. 건물의 기본 구조와 내부공간을 원형대로 유지하되 복원보다 보수에 비중을 둔 리모델링을 거쳐 2009년 인천아트플랫폼의 문화공간으로 새롭게 태어난 것이다. 건축대장의 이 건물의 기록은 1948년에 시작되지만 지역 학계에서는 정확한 것은 아니라고 본다.

근대건축전문가인 인천 재능대 손장원 교수는 저서 『인천 근대 건축』에서 여러 가지 정황으로 볼 때 매립 이후 부두 창고로 사용하기 위해 이 건물을 세운 것으로 추정한다. 손 교수는 "이 일대는 1899년 5월 말에 매립됐고 매립지 1만3천223.3㎡(4천평) 중 절반에 해당하는 6천611.6㎡(2천평)를 창고와 시장 부지로 사용했다는 기록에서 이 건물도 이때 세워진 것으로 추정할 수 있다"고 했다.

건물은 적벽돌로 벽체를 구성하고 지붕은 트러스를 올렸다. 현재 대한

100년이 넘은 것으로 추정되는 인천 중구 해안동의 대한통운 창고는 건물의 기본 구조와 내부공간을 원형대로 유지한 리모델링을 거쳐 2009년 인천아트플랫폼의 문화공간으로 새롭게 태어났다.

1 인천아트플랫폼 공사 전인 2000년대 인근 거리 모습. 사진 가운데 대한통운 창고의 원형이 잘 드러나 있다.

2 창고를 리모델링한 인천아트플랫폼은 전시장으로서의 역할도 톡톡히 하고 있다.

3 인천아트플랫폼 야경.

[제공=인천문화재단]

3

2

3

1 100년이 훌쩍 넘은 창고 건물은 시간이 흘러감에 따라 쌀 창고, 김치 공장 등으로 쓰임새가 다양하게 변했다. 특히 운반 트럭 등에 의해 수차례 긁히고 부스러져 표면이 거칠고 색도 흐릿하다. 건물은 우리 근대 문학과 함께 100여년 전 이야기들을 들려준다.

2 옛 창고 4개 동을 리모델링해서 문을 연 한국근대문학관 내부

3 한국근대문학관 공사 전인 2010년 즈음의 모습

[제공=인천문화재단]

통운 창고를 리모델링한 C동 공연장을 비롯해 인천아트플랫폼은 13개 동의 건물로 구성되어 있으며 공연과 전시, 공방, 예술인 레지던시 등의 공간으로 사용되고 있다. C동 공연장과 함께 새롭게 만들어진 건물들도 예전 건물과 같은 붉은 벽돌 재료를 사용하고 옛 건물의 형태를 적용해 일관되게 꾸민 인천아트플랫폼의 거리는 2009년 완공되었는데도 오래전부터 있었던 동네인 것처럼 고즈넉한 정취가 가득하다.

인천 중구청으로 가는 왕복 2차선 도로를 두고 인천아트플랫폼과 마주하고 있는 한국근대문학관도 옛 창고 4개 동을 리모델링해 2013년 탄생했다. 4개 동 중 기획전시실로 쓰이는 건물은 1892년에 지어졌다. 그 옆 상설전시실 건물 두 동도 1930~1940년대에 건립됐다. 가장 오른쪽에 있는 창고는 연대 미상이다.

이들 창고 건물은 시간이 흐르면서 쌀 창고, 김치 공장 등으로 쓰임새가 다양하게 바뀌었으며 현재 우리 근대문학의 보고로 현대인들과 조우하고 있다. 인천아트플랫폼과 한국근대문학관을 설계한 황순우 (주)건축사무소 바인 대표는 "100년이 넘은 건물을 그대로 복원하는 것이 아닌 과거 일상의 삶을 담으면서 또 다른 100년을 목표로 재생시키고 싶었다. 서양과 동양, 중앙과 지방이라는 갈등 구조 속에서 이뤄진 근대화 시간과 관계 속에서 충돌한 예술과 함께 동시대 예술을 다룰 수 있는 공간 등 다의적 공간으로 두 공간을 설계했다"고 설명했다.

인천 중구 신포동의 아카이브 카페 '빙고氷庫' 또한 1950년대 얼음 창고가 환골탈태한 경우이다. 얼음 창고의 1층은 아카이브 카페, 2층은 건축재생공방이 자리잡고 있다. 건축재생공방 이의중 대표와 함께 그의 부인 이규희 씨는 카페 사장을 맡고 있다.

살갑고 정겨운 문화공간으로 새로 태어난 옛 창고의 삶이 우리 현대인과 오래도록 함께하길 기대한다.

11

옛 인천흥업주식회사

1938년부터 토지대장에 기록 "1930년 이후 건립 추정"

베일에 싸인 서민금융회사, 낡은 건물에 숨겨진 역사

역사적 가치가 있어 후대에 의해 관리되며 모습을 보존하고 있는 건물이 있는가 하면 그 가치가 제대로 연구되지 않았지만 오랜 시간 모습을 보존하며 가치를 만들어가는 건축물도 있다. 인천 중구 용동 152-6에 있는 '인천흥업주식회사' 건물은 후자의 경우이다.

용동 '큰우물'에서 인천기독병원 방향으로 난 언덕길을 20여m 올라가다 보면 오른편에 행인의 발길을 붙잡는 2층 건물이 있다. 건물에는 '인천흥업□□회사'라는 간판이 붙어 있다. 역사적 지식이 없는 평범한 사람들도 관심을 갖게 되는 모양이다. 이곳에 잠시 서 있으면 발길을 멈추고 스마트폰을 꺼내 사진에 담아 가는 행인의 모습을 쉽게 만나는 것도 그 때문이다.

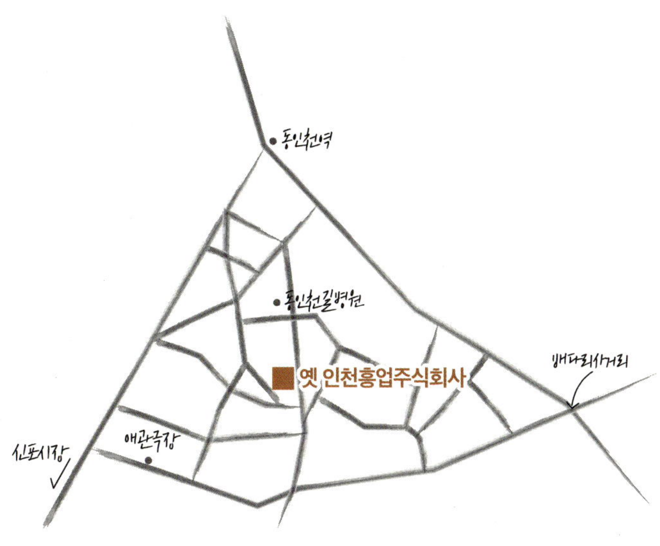

인천지역 향토사나 근대 건축물에 관심이 있는 사람들이 운영하는 개인 블로그라면 이 건물의 바깥 모습을 촬영한 사진을 볼 수 있을 정도로 자주 등장한다. 그러나 사람들의 관심에 비해 건물의 내력에 대해서는 별로 알려진 것이 없었다. 이 건물에 대한 궁금증을 풀기 위해 중구 용동 152-6 인천흥업주식회사를 찾아갔다.

지금은 살림집으로 쓰이고 있는 건물엔 행정사 유한규씨 부부가 살고 있었다. 인터뷰를 거절하던 유씨를 어렵게 설득한 끝에 그로부터 건물에 대한 이야기를 듣게 됐다. 유씨가 이 건물을 매입한 것은 벌써 근 40년 전인 1979년의 일로, 그가 520만원을 들여 이 건물의 주인이 된 후로 현재까지 건물 주인이 한 차례도 바뀌지 않았다.

개인이 활용하기에 여러모로 불편해 보이는 이 건물을 무슨 이유에서 매입했는지 물었다. 그는 "인천에 옛 건물들이 즐비했지만 하나 둘 사라지고 마는 것이 너무 안타까워 이 건물을 구입하게 됐다"고 답했다. 또 인천의 부자였던 장광순씨의 부탁도 있었다고 덧붙였다. 유씨는 옛 체신부 전신전화국 도수계 촬영기사로 20년 가까이 근무했는데, 벌이가 괜찮았고 여유가 있었다고 한다. 도수계 촬영기사는 전화국이 전화 가입자의 전화이용요금을 매기는 근거가 되는 전자식 기계인 '도수계(콜미터)'를 마이크로필름으로 촬영해 기록을 남기는 게 주요 업무였는데, 그가 담당한 곳이 많을 때는 10여 곳이 넘었다고 한다.

그의 안내를 받아 건물 1~2층을 둘러볼 수 있었다. 지금 1층은 유씨 부부가 생활하는 공간으로 쓰고 있다. 살림집으로 이용하기 전에는 병원과 새마을금고 등이 이 공간을 사용했다고 했다. 건물 2층은 사무실 등이 입주해 있었는데, 큰 회의실과 작은 사무실이 있었다고 한다. 지금은 텅 비어 있고 바닥과 천장이 군데군데 뜯겨 있었다. 유씨는 건물 2층의 촬영만을 허락했다. 그는 "건물을 매입한 이후 손을 댄 곳이 거의 없다"며 "여건이

인천 중구 용동 152-6에 위치한 인천흥업주식회사 건물로 109.1㎡의 대지에 연면적은 128.93㎡로 지어진 지상 2층 조적조 함석지붕 건물이다. 손장원의『다시쓰는 인천 근대 건축』에는 인천미두취인소, 조선식산은행 인천지점 신청사 등과 비슷한 것으로 보아 1930년 이후 세워진 것으로 추정된다고 기술하고 있다. 건물 윗면에는 정면과 좌우측에 패러핏(건물 상단 가장자리를 보호하는 벽)을 설치해 함석 지붕이 감춰져 있어 평평한 것처럼 보이지만 후면에서 보면 함석 지붕이 보이며 건물 2층 내부는 비어있다.

지금 이 건물에는 '인천흥업□□회사' 라는 글자가 남아있지만 떨어진 두 글자는 '주식'이다. 10여년 전 떨어진 것을 유씨가 보관하다가 분실했다고 한다.

허락지 않아 관리를 잘 하지 못했다. 이 건물을 더 잘 활용할 수 있는 분들이 나서줬으면 좋겠다"고 아쉬워했다. 지금 이 건물에는 '인천흥업□□회사'라는 글자가 남아있지만 떨어진 두 글자는 '주식'인데, 10여년 전 떨어진 것을 유씨가 보관하다가 분실했다고 한다.

옛 토지대장을 확인해 보면 이 건물(부지)의 최초 주인은 '인천흥업주식회사'이며 1938년부터 기록이 시작된다. 두 번째 주인으로 '재단법인 경기도 향교재단'이 1974년부터 소유했고 이후 유씨가 1979년 경기도 향교재단으로부터 이를 매입하며 이름을 올리게 된다. 인천흥업주식회사는 서민을 상대로 대출을 해주던 금융회사다. 1937년판 조선은행주식회사조합요록을 보면 인천흥업주식회사와 관련된 기록이 나온다. 기록에 의하면 인천흥업주식회사는 금융신탁 업종의 회사로 설립일이 1935년 11월 16일, 대표자는 최승우, 회사 목적은 '담보대부, 신용대부, 기타 금융업 일체'로 나와 있다. 발행주식은 3천주로 주주의 인원은 49명, 주요 주주로는 최승우(520), 장석우(357), 장광순(332), 인천물산객주조합(330), 정희조(296) 등의 이름을 확인할 수 있다.

주주들의 이름과 인천흥업주식회사와 관련된 기록은 고일 선생의 『인천석금』의 '옛 인천의 부자는 누구 누구?' 편에서 언급된다.

"우리 부자를 찾아보자. 재산 50만원을 최고로 하고 최저 10만원 정도의 부자를 차례로 든다면, 심능덕 씨를 필두로 구창조, 장석우, 최승우, 정치국, 정영화, 정순택, 유군성, 주병기, 주명서, 장세익 씨 등이다. (중략) 자본금 2만원과 은행 대부금 2만원으로 10여명의 부호들이 1백원에 대한 하루의 이자를 6전으로 융자를 했던 간이 고급 금융 기관인 '인천신용조합'이 닭전거리(지금의 신포동)에서 간판을 걸고 군림했었으니 일제하의 우리 부호들이 얼마나 미약했었던가를 엿 볼 수 있었다. 지금은 주인도 바뀐 채 '인천흥업주식회사'라는 음각 간판만이 용동 '크라운예식장' 옆 2층 건물에 달려 있을 뿐, 쓸쓸하게 역사의 변천을 굽어보고 있는 것이다."

주주들을 설명하자면 최승우는 인천동산학교의 설립자로 양조장을 운영해 부를 쌓았고 장석우는 인천박문학교 전신인 소화학교 설립자로 포목상을 운영해 지역 부자가 됐다고 한다. 장광순씨는 장석우씨의 장남이다. 그러나 아쉽게도 인천의 부자로 알려진 이들이 어떤 이유에서 인천흥업주식회사를 세우고 어떤 방식으로 운영했는지를 확인할 수 있는 정확한 자료를 찾기는 힘들었다. 그나마 다행인 것은 건물이 아직도 모습을 유지하며 후대를 살아가는 사람들의 궁금증을 자극하고 있다는 것이다.

강덕우 인천시 역사자료관 시사편찬전문위원은 "이 건물에 대해 정확히 연구된 것이 없음에도 불구하고 아직 그 모습을 유지할 수 있는 것은 무척 다행으로 여겨진다. 이 건물이 어떤 역사적 가치가 있는지 제대로 연구되지 않았지만 시간이 흘러 또 어떤 소중한 가치를 지니게 될지 모르는 것이다. 잘 관리될 필요가 있다"고 말했다.

짜장면 박물관 '공화춘'

기록상 이르면 1917년, 늦어도 1934년께 현재 장소에서 영업

짜장면을 세상에 알린 곳 '방치된 역사' 박물관으로 되살려

인천항이 개항한 1880년대 인천에는 수많은 외국인이 살고 있었다. 그중에는 많은 자본력을 바탕으로 조선의 상권을 침탈하기 위해 입국한 일본과 중국의 상인이나 조선인에게 선교를 하기 위해 들어온 서양인도 있었지만 단지 돈을 벌 목적으로 인천에 자리 잡기 시작한 중국 산둥山東 지방에서 건너온 쿠리苦力(하역 인부)들도 있었다.

시인 박팔양은 「인천항」이라는 시에서 당시 조선인과 중국인 노동자로 붐비던 부두 풍경을 다음과 같이 표현했다.

상해로 가는 배가 떠난다/…/ 유랑과 추방과 망명의/ 많은 목숨을 싣고 떠나는 배다/…/ 부두에 산같이 쌓인 짐을/ 이리저리 옮기는 노동자들/ 당신네들 고향이 어데시요? / '우리는 경상도' '우리는 산동성'/ 대답은 그것뿐으로 족하다는 말이다

인천항 부두에서 일하던 산둥 지방 중국인들은 부둣가에서 간단하게 끼니를 해결하기 위해 음식을 만들었다. 저임금에 경제적 어려움을 겪는 이들이었기에 음식은 간단하고 손쉽게 만들 수 있는 것이었다. 그렇게 탄생한 것이 '차오장멘炒醬麵', 우리나라 말로는 짜장면이다. 인천 중구 '짜장면 박물관' 관계자는 "초기 짜장면은 삶은 국수에 된장과 채소를 얹어 비벼 먹는 화교들의 '고향음식'이었다. 돈을 벌기 위해 인천에 온 산둥지방 화교들이 고향 생각이 간절할 때 많이 요리해 먹던 음식이었다"고 설명했다.

이렇게 인기를 끌기 시작한 짜장면은 고급 중식당들의 메뉴에 이름을 올리면서 본격적인 중국 요리로서 대접을 받기 시작했다. 1900년대 초 중구 선린동 근처에 있었던 '산동회관'은 이 짜장면을 처음으로 메뉴에 올린 중식당으로 알려져 있다. 당시 청나라 조계지인 중구 선린동 주변에는 중국인 무역상을 위해 '항잔'(창고업을 겸한 중매업)이라는 상점이 많았는데 '산동회관'도 그중 하나였다.

'산동회관'을 세운 우희광于希光(1886~1949)은 1912년 중국 신해혁명(1911년)이 일어나 청조의 전제정치가 막을 내리고 공화정을 표방한 중화민국이 탄생하자, '공화국 원년의 봄'을 의미하는 단어로 가게이름을 바꿨다. 바뀐 이름이 '공화춘共和春', 짜장면을 처음으로 판매한 것으로 알려진 곳이다.

당시 산동회관은 현재 짜장면 박물관이 아닌 다른 장소에 있었다고 한다. 그러나 현재의 장소 중구 선린동 38로 옮겨 온 시기에 대해서는 확실한 기록이 남아있지 않다. 다만, 1917년 현재의 장소인 선린동 38의1 건물을 공화춘을 비롯한 여러 명의 화교가 공동으로 매입한 기록이 남아있고, 1934년 7월의 인천지역 화교 상인 명부에 중화요리점 공화춘이 등재된 점으로 미뤄 공화춘은 이르면 1917년께, 늦어도 1934년께는 지금의

당시 공화춘 내부를 재연한 짜장면 박물관 모습과입구에 전시된 과거 공화춘 간판 모습.

1950년대 공화춘 전경 [제공=인천역사자료관]

장소에서 중화요리점 영업을 시작했을 것으로 짐작된다.

공화춘 외부는 현재에도 건축 당시 모습이 그대로 남아있다. 벽돌로 마감된 외부는 곳곳에 모자이크 타일로 장식돼 있는데 이는 최초 건축 당시부터 현재까지 몇 번의 변화과정이 있었던 것을 알려주고 있다. 전형적인 중국식 중정형 건물의 특색을 갖고 있는 건물 내부에 들어서자마자 붉은색 계단이 눈에 들어왔다. 이 계단은 연회장과 출입구를 이어주던 것으로 당시 공화춘은 1층은 주방으로 사용됐고 2층은 연회장으로 활용됐다고 한다. 공화춘이 당시 고급 중화요리점이었다는 것을 알게 해주는 대목이다.

김윤식 시인은 "인천시청이 현재 중구청 자리에 있던 1970년대까지만 하더라도 공화춘은 인근에 중화루와 함께 고관대작들만 출입하는 최고급 중화요리점이었다. 경인지방 5대 중화요리점으로 명성을 유지했던 곳"이라고 설명했다.

공화춘 2층은 합원식合院式으로 만들어졌다. 베이징에서 광둥까지의 민가 대부분의 건물에서 활용된 '합원식' 구조는 가운데 마당을 방들이 둘러싼 형태로 돼 있다. 현재 공화춘도 가운데 계단을 여러 곳의 방이 둘러싼 구조로 돼 있다. 건물 내부 기둥과 벽, 문 등에 운문雲文, 용문龍文, 봉황문鳳凰文 등 길상 문양과 수壽, 복福, 록綠, 희禧, 춘春, 하夏, 추秋, 동冬 등의 문자 문양을 사용하는 등 중국 산둥지방의 사람들이 좋아하는 장식을 했다. 기본 구조는 왕대공 목조 트러스 구조이고 영국식 벽돌쌓기 등 당시 서양에서 많이 사용되던 건축 기법이 사용되기도 했다.

한양대 건축학과 한동수 교수는 2008년 발표한 「인천 선린동 공화춘의 건축 특성」이라는 논문에서 "공화춘은 서양의 건축기법과 중국 전통건축기법이 결합돼 만들어진 유일한 청국 조계지 건물로 그 역사적 가치와 건축적 의미가 높게 평가될 수 있다"고 명시했다.

그러나 안타깝게도 공화춘 내부는 초창기 모습이 거의 남아 있지 않다. 영업을 목적으로 하는 식당이었으므로 중화요리점 운영 당시에도 내부 수리가 많이 이뤄졌고, 지난 1983년 가게 문을 닫은 직후 장기간 방치되면서 건물 내부가 많이 훼손되었기 때문이다. 다행히 지난 2006년 인천시 지정 문화재가 되었고 2012년 짜장면 박물관이 만들어지면서 보전과 관리가 이뤄지고 있다.

강덕우 인천역사자료관 전문위원은 "당시에는 문화재라는 개념이 없었던 데다 개인이 소유한 건물이었기 때문에 내부가 변경되는 것을 막기가 어려웠을 것이다. 건물이 철거되지 않은 것만으로도 다행이지만 1983년 가게가 폐업할 당시에 지자체에서 관심을 갖고 나섰으면 더 잘 보전돼 있었을 것 같아 안타깝다"고 말했다.

옛 일본우선주식회사 인천지점

인천출장소에서 지점으로 승격된 1886년 건립

해운산업의 역사적 상징…
근대 사무소 건축양식 잘 드러나

1883년 개항 이후 인천은 국제 물자운송의 요충지였다. 뿐만 아니라 인천항에서 강화를 거쳐 한강을 거슬러 올라가 용산(노량진)에 이르는 국내 항구로서의 역할도 했다. 이에 따라 인천에는 일본 해운회사들의 본점 혹은 지점이 설치됐다. 호리 리키타로가 세운 호리 기선회사 본점을 비롯해 일본우선郵船주식회사 인천지점, 오사카상선 인천지점 등은 회사소유 기선汽船으로 인천항의 물류운송을 독점했다. 이들 회사의 배는 청일전쟁과 러일전쟁 당시에는 병력과 군수물자를 수송하는 선박으로도 사용됐다.

현재 도쿄에 본사를 두고 해운업을 계속하고 있는 일본우선주식회사는 인천시민에겐 익숙한 사명社名이다. 1886년 건립된 것으로 알려진 인천지점 건물 때문이다. 지금까지 남아 있는 우리나라 근대 건축물 중 가장 오래된 것중 하나로 종교 시설과 공공시설이 아닌 민간 소유의 건물이 이렇게 원형으로 남아 있는 것은 찾아보기 어렵다는 평가를 받는다. 이 건물은 2006년 등록문화재 제243호로 지정됐다.

현재 내부 리모델링 후 복합문화공간 인천아트플랫폼의 사무실과 자료실로 활용되고 있다. 한양대 건축학과 동아시아 건축역사 연구실이 펴낸 『구 일본우선주식회사 인천지점 기록화조사보고서』에 의하면 이 건물이 자리하고 있는 인천 중구 해안동 1가 9에 1883년 4월 우편기선 미쓰비시회사 부산지점의 인천출장소로 개설됐다고 한다.

1885년 10월에 우편기선 미쓰비시회사와 공동운수회사가 합병돼 일본우선주식회사가 설립되자, 1886년 7월 일본우선주식회사 인천출장소는 인천지점으로 승격됐다. 『인천사정』에 따르면 일본우선주식회사 인천출장소가 인천지점으로 승격되던 때 지금의 건물이 세워졌다. 또한 현재 건물은 벽체가 타일로 마감되어 있으나, 과거의 사진 자료와 『인천사정』의 기록 등으로 보아 건립 당시엔 붉은 벽돌 건물이었던 것으로 보인다.

빨간 색깔 벽돌조의 큰 건물 몇 동이 인천항 해안의 정면에 우뚝 솟아서

일제강점기 인천항을 통해 일본의 군수물자가 들어오는 모습을 그린 그림의 좌측 상단에 옛 일본우선주식회사 인천지점 건물이 잘 드러나 있다. 점포 건물 외에도 현재 남아있지 않은 창고와 사택 등도 보인다. [제공=인천 화도진도서관]

일제강점기에 일본우선주식회사 인천지점, 호리 기선회사, 조선우선주식회사 인천출장소(1924년) 등으로 사용됐다. 해방 후에는 동화실업주식회사, 천신항업, 대흥공사 등 항만관련 회사의 업무용 건물로 이어졌다. 우리나라 근대 해운 및 유통 산업의 역사를 보여주는 건물이다.

D

제물포 일대의 장관을 한층 돋보이게 하는 일본우선회사의 인천지점이다. 메이지 16년(1883년) 4월 우편기선 미쓰비시 회사 부산지점의 출장소로 이곳에 처음 설치된 후, 메이지 18년(1885년) 10월 공동운수회사와 합병을 결정하고 이를 일본우선회사가 인계하였다. 메이지 19년(1886년)에 일본 거류지 1호지에서 6호지에 이르는 대지에 점포, 창고와 사택 신축에 착수하여 8월 2일에 완성하여 지금의 가옥이 만들어졌다.

- 『역주 인천사정』(인천광역시 역사자료관, 2004) 중에서

1899년에는 지배인 1명, 점원 3명 등 모두 4명의 직원이 근무했었다는 기록도 있다. 건물의 대지면적은 396.7㎡이며 단층인 건물의 연면적은 244.63㎡이다. 19세기 말 업무용 건축물로는 비교적 규모가 큰 편이며 건축재료는 일본에서 들여왔다고 한다.

인천아트플랫폼에 취재 협조를 구한 후 건물을 찾았다. 한중문화관 방향의 건물 정면은 좌우 대칭으로 처리됐다. 좌우 대칭을 강조하기 위해 출입구 상부는 그리스 신전 건축에서 두드러지는 특색인 페디먼트Pediment로 처리된 의양풍儀洋風의 건물이다. 세로 방향의 창문을 두어 수직성을 강조했고, 정면부 지붕에는 패러핏Parapet을 설치해 앞에서 보면 평 슬라브Slab 건물로 보이지만, 실제는 모임지붕의 건물이다. 일본에서 펴낸 '일본우선 변천'에 따르면 지붕구조에 사용된 트러스는 당시로서는 상당히 큰 규모의 평면을 단일 트러스로 구성했다.

천장 위에 중요한 물품을 보관하기 위해 설치된 목재함과 이와 연관된 내벽 구성으로 인해 독특한 평면 형태를 띠고 있다. 입면 구성에 있어서 서양 고전건축 중에서도 도릭 양식Doric Order을 모방한 절충주의 수법을 잘 보여주고 있다. 건축 당시인 1880년대 후반의 창호와 조적組積벽을 원형 그대로 유지하고 있다.

사무실 안쪽에 설치된 커다란 금고는 회사의 규모를 알려주는 듯했다. 20㎝ 정도의 두꺼운 철제문을 단 금고는 2~3평 정도의 큰 규모였다. 건물 뒤를 봤을 때 2층 형태이기 때문에 사무실 지하공간도 있을 것으로 생각되지만 지하실은 없다. 다만 사무실 바닥 쪽으로 공기가 통하는 공간이 있어서 이를 통해 사무실 전체에 알맞은 습도가 유지되었을 것으로 보인다.

이 건물은 일제강점기에 일본우선주식회사 인천지점, 호리 기선회사, 조선우선주식회사 인천출장소(1924년) 등으로 사용됐다. 해방 후에는 동화실

1 인천아트플랫폼 사무실 내부 모습. 높은 천장이 눈에 띈다.

2 건물의 지하실은 없으며, 사무실 바닥 쪽에 공기가 통하는 공간이 만들어져 있다.

3 옛 일본우선주식회사 인천지점의 금고. 20㎝ 가량의 철제문과 2~3평 정도의 규모로 되어 있다.

1 2 3

업주식회사, 천신항업, 대흥공사 등 항만관련 회사의 업무용 건물로 이어졌다. 우리나라 근대 해운 및 유통 산업의 역사를 보여주는 건물인 것이다.

인천재능대 손장원 교수는 "이 일대 건축물이 주로 은행이나 관공서 등이었지만 구 일본우선주식회사 인천지점 건물은 격식에서 보다 자유로울 수 있었던 회사의 업무용 건물이라는데 의미가 있다. 근대의 사무소 건축 양식을 알려주는 건축물"이라고 설명했다.

배다리 ‘조흥상회’

1948년 미군촬영 사진에서 확인

배다리, 빛바랜 상점에서는 추억을 살 수 있다

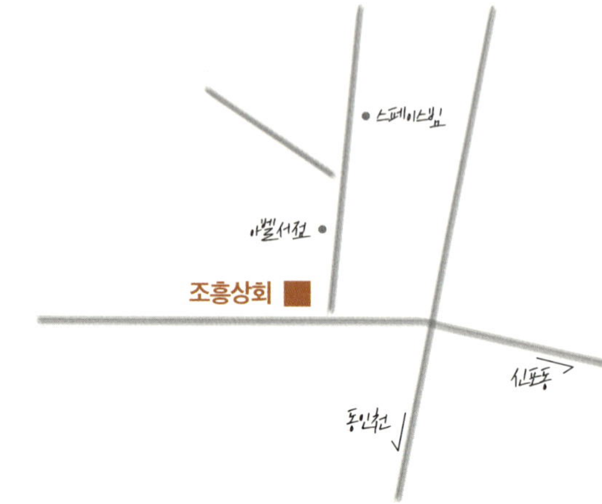

1940~1960년대 인천의 변화가 중심에는 동구 배다리 일대가 있었다. 인천 송현초등학교와 중앙시장 인근까지 바닷물이 들어왔고 배를 대는 다리가 있어 '배다리' 라고 일컫는다. 배다리가 있는 인천 동구 일대에서는 인천항 개항과 맞물려 일본군들이 인천 중구 개항장 일대에 주둔하면서 마을이 형성됐다. 주민들의 삶의 터전이 배다리 시장에서 중앙시장으로 변화해 가며 인천 동구 배다리 일대는 흥망성쇠를 함께한 것으로 보인다.

이 시장에서 가장 목이 좋은 장소가 '조흥상회'였다. 가게 주인 고故 조종택 씨가 조趙 씨 일가의 번영興을 바라는 의미에서 붙인 이름이었다. 조흥상회는 쌀과 각종 잡화를 팔기도 했고, 제기·과일·과자 등 제수 용품을 팔았다고도 전해진다. 위치도 좋았고 이름도 좋아서 조흥상회는 장사가 잘 되었다.

조흥상회 건물은 지하철 1호선 동인천역과 도원역 사이 경인선 철길 아래 인근에 있다. 지금은 배다리안내소, 요일가게, 나비날다(책방) 등이 조흥상회를 대신해 건물에 들어선 가운데, 이 곳을 찾는 시민과 외지 관광객의 발길이 이어지고 있다.

배다리안내소의 주인장이 자신을 '청산별곡'이라 소개하는 것도 이색적이었다. 이 건물 2층 상단부에 적힌 '조흥상회' 네 글자가 간판 역할을 했으며 외벽은 인근 건물들과 어울리지 않을 것 같은 민트색이었다. 조흥상회 건물은 평행사변형 형태의 독특한 구조를 하고 있는데, 건물 안쪽으로 연결된 문을 통하면 조흥상회 뒤편에 가려진 한옥 한 채가 나타난다. 이 한옥은 4개의 방과 거실, 작은 마당, 우물 등도 갖추고 있다.

조흥상회 2층은 한옥의 안채와 연결된 방을 비롯한 세 구역으로 구분되어 있었다. 사랑채 등의 용도로 활용됐으나 지금은 타로점과 뜨개질 공방 등으로 사용하고 있다. 일부 공간은 조흥상회 건물이 한동안 폐허처럼 방치돼 있을 때 남겨졌던 그릇과 재봉틀, 조흥상회 영수증 등 근현대 생활물품을 살필 수 있는 전시공간이다.

조흥상회의 초창기 모습은 기와를 올린 2층 건물이라고 전해진다. 지어진 시기를 정확히 알 수 있는 기록은 없지만 미군 노릅 파이어Norb-Faye 씨가 1948년 촬영한 사진 가운데 조흥상회 건물의 모습을 확인할 수 있다. 다만 조흥상회 건물 옆에는 빨간 벽돌로 쌓아 올린 창고가 있는데, 이 창고 상량문에는 '1956년'으로 기록되어 있어 창고의 증축연도를 짐작할 수 있다. 창고는 당초 2층 건물이었지만, 청산별곡이 1층과 2층 사이를 터 천장을 높였다고 한다. 지금은 매일 주인이 바뀌어 운영되는 '요일가게'로 사용되고 있다.

청산별곡은 "조흥상회 건물이 밖에서 가리고 있어서 사람들이 잘 볼 수 없지만, 안쪽으로 들어가면 정사각형 형태의 한옥이 붙어있다. 조종택 씨가 가게 운영은 바깥 건물인 조흥상회에서 하고, 안쪽 건물인 이 집에서 거주했다고 들었다"고 설명했다. "얼마 전까지 게스트하우스로 사용했지

조흥상회 2층 일부 공간은 근현대 인천 일대에서 사용했던 물품들을 전시하는 배다리 생활사 전시관이다.

조흥상회 옆에 붙어 있는 빨간 벽돌 창고 내부의 모습. 과거 물건을 보관했던 장소가 지금은 매일 가게 주인이 바뀌는 요일가게로 활용되고 있다.

만 지금은 지인들과 함께 거주용으로 사용하고 있다"고 덧붙였다.

조흥상회의 옛 모습에 대한 이야기를 배다리 삼거리에서 '배다리 솥 주물' 가게를 운영하고 있는 오정신 사장에게서 전해 들을 수 있었다. 오 사장은 18세(1963년) 때 배다리 인근에서 작은 할아버지로부터 솥 가게 일을 배웠고, 1966년부터는 조흥상회 1층에서 '배다리 솥 주물' 가게 운영을 시작했다.

오 사장은 "조종택 사장 내외가 가게를 싸게 내 준다고 해서 조흥상회 건물 1층에서 솥 장사를 시작했다"며 "당시 배다리 인근은 중앙시장을 비롯해 조흥상회와 우리 가게까지 어느 하나 안 되는 가게가 없었다"고 회상했다. 오 사장은 "배다리에서 조흥상회라고 하면 모르는 사람이 없을 정도로 문전성시를 이뤘다. 조흥상회 건물은 2층까지 벽돌을 쌓아 올려 인근에서 가장 큰 규모였다. 2층으로 계단을 타고 올라가면 일본식 다다미 방 모양의 방이 있고, 한쪽 방에는 제기용품이나 과일, 과자 등이 잔뜩 쌓여 있었다. 조흥상회 옆에 붙어있는 빨간 벽돌 창고에서는 제수용 과자, 옥

조흥상회 건물 뒤편으로 들어가면 밖에서는 보이지 않던 초록색 기와를 얹은 한옥이 모습을 드러낸다.

춘(설탕 녹여 만든 과자), 약과 등을 만들었다"고 덧붙였다. 25년가량 조흥상회 건물에서 솥 장사를 하던 오 사장은 조 사상이 가게세를 계속 올리는 바람에 배다리 인근 가게를 전전하다 지금의 위치로 이사했다고 한다.

조흥상회 건물은 배다리 일대가 쇠락의 길을 걸으면서 장기간 사용하지 않은 채 방치된다. 청산별곡이 지난 2012년 건물에 입주하면서 조흥상회 건물은 다시 한 번 손님 몰이를 하고 있다. 청산별곡은 "조흥상회는 한동안 온갖 쓰레기들이 방치돼 있어 거의 죽은 집과 다름없었다. 쓰레기를 정리하면서 전 주인들이 버리고 간 근현대 생활 물품들을 발견했고, 이것을 정리하고 분류하여 전시공간을 꾸미고 배다리 생활사 전시관이라는 이름으로 시민들에게 공개했다"고 설명했다. 이어 "인천의 '배다리'는 과거 헌책방 거리로도 유명했는데, 배다리 안내소와 요일가게, 서점 등을 기점으로 다시 한 번 배다리가 부흥했으면 좋겠다"고 말했다.

동일방직 의무실

1950년대 건립 추정, 의무실·교육실로 사용

해방 이후 건축양식에 ‘노동운동 역사적 현장’ 의미 더해

일제강점기 인천에 있던 조선기계제작소, 조선이연금속, 조선화약공판 등 일본기업의 대규모 공장들은 일제강점기 말 태평양전쟁에서 '군수보급기지'로 활용되다가 패전 이후 미군정청에 귀속됐다. 미군정은 해방과 함께 일본이 남기고 간 이른바 '적산敵産공장'의 운영을 한국인 관리인을 내세워 이어갔다. 이승만 정권의 적산기업 민영화 방침으로 이들 관리인이나 기업인이 적산공장을 인수했고 상당수는 정권의 지원 하에 대기업으로 성장하였다.

인천 동구 만석동에 있던 일제강점기 대규모 방적업체인 동양방적 인천공장도 적산공장이었다. 이를 1955년 동양방적공사 이사장 서정익(1910~1973)이 인수해 동일방직을 설립했다. 서정익 전 동일방직 사장은 1932년 나고야공업고등학교 방직과를 졸업한 일본 유학파이자 동양방적 인천공장의 유일한 한국인 기사였다. 한때 종업원이 1천600여 명에 달했던 동일방직은 최근 인천공장의 사업규모를 대폭 축소하긴 했지만 인천에서 성장한 대표적인 지역기업 가운데 하나다.

서 전 사장의 조부는 개항기 조선인 상권수호활동에 앞장선 상인단체인 '인천신상협회'의 설립을 주도한 서상빈(1859~1928)이고, 아버지는 1920년대 인천물산객주조합 이사를 지내며 일본인 기업주에게 착취당하는 한국인 노동자를 보호하기 위한 노동운동에 적극 참여한 서병훈(1888~1949)이다.

만석동 동일방직 인천공장 내에는 공장의 분위기와는 아주 다른 한옥 형태의 건축물이 있다. 1950년대 지은 것으로 추정하고 있지만 건축연대도 확정된 것은 아니다. 이 건물은 신입사원 교육실과 의무실로 쓰였다가 현재는 비어있는 상태다. 약 258㎡ 규모의 단층 목조건물인 동일방직 의무실은 우리나라 전통양식, 서양식, 일본식이 복합돼있는 독특한 형식이다. 지붕선과 기와, 창살문양 등에서 한옥양식을 느낄 수 있지만, 지붕틀과 기둥의 형태·배치, 주출입구 포치porch, 복도 등 건물 내부구조는 일본건축양식이다. 주출입문은 한옥의 방문과 비슷한 미서기문인 데 반해 현관과 연결된 복도는 전형적인 일본식이다. 건물의 높은 층고는 서양식 건축물을 떠올리게 한다.

현재 동일방직에는 의무실의 혼재된 건축양식에 대한 자료나 이를 알고 있는 관계자가 없다. 동일방직 의무실의 건축양식에 대해선 두 가지 추정이 가능하다는 게 전문가 견해다. 첫째는 일제강점기까지 지배적이던 일본식 건축양식에서 해방 이후 우리나라의 전통양식을 점차 되찾아가는 과도기적 건축물이라는 것이다. 반대로 해방 이후에도 일본식으로 건물을 짓는 과정에서 일본식 기와를 구하지 못해 한옥 기와로 대체했을 가능성도 있다. 현재의 추정대로 해방 이후에 건설된 것이라면 해방 이후 변화해간 건축양식을 살피는 데도 의미 있는 건물이다.

동일방직 의무실 안에는 오래된 인체해부도나 1994년 보건사회부(현 보건복지부)에서 제작한 '국민건강생활지침' 액자 등이 그대로 남아있다. 신

동일방직 신입사원들이 수습교육을 받던 공간. 입사상담도 동일방직 의무실 건물에서 이뤄졌다.

입사원 교육실로 쓰인 방도 인천공장이 노동자들로 북적였을 때의 흔적을 간직하고 있다. 1970년대부터 현재까지 동일방직 인천공장에 근무하고 있는 한 여성 직원은 "1970~1980년대 직원이 많을 때는 수십 명 이상의 신입사원이 의무실 건물에서 수습교육을 받았다"며 "직원이 줄면서 건물을 교육실과 의무실로 쓰지 않게 됐다"고 했다.

동일방직 의무실은 자연환경·문화유산 보존을 위한 민간단체인 한국내셔널트러스트가 2014년 주최한 '나의 사랑 문화유산 캠페인' 본상을 수상하기도 했다. 한국 근·현대 노동운동의 한 획을 긋는 역사적 현장으로 보존할 가치가 있다는 이유다.

동일방직의 전신인 동양방적 인천공장은 소설가 강경애(1906~ 1944)가 1934년 동아일보에 연재한 장편소설 『인간문제』에 등장하는 대동방적공장의 모델이다. 식민지 근대 리얼리즘 소설의 걸작으로 평가받는 『인간문제』는 일제강점기 방적공장에서 일하는 여성 노동자의 삶과 당시의 노동운동을 생생히 그렸다.

1 주출입구 포치는 일본식이나 출입문은 전통양식인 미서기문으로 처리했다.

2 의무실 내부에는 과거 사용했던 인체해부도나 국민건강생활지침 액자, 철제 사물함 등이 그대로 남아 의무실 분위기를 내고 있다.

3 동일방직 내 옛 기숙사 건물 담벼락에는 건축연도가 불분명한 초소형태의 낡은 건축물이 있다. 기숙사에 사는 직원들의 월담 등을 감시하기 위한 목적으로 지어졌을 것으로 추정된다.

무엇보다도 동일방직 인천공장은 1970년대 여성 노동운동의 산실이다. 동일방직노조는 1972년 우리나라 최초의 여성지부장을 탄생시켰다. 1978년 2월 동일방직노조가 대의원 선출을 위한 투표를 감행하자 사측에 매수된 남성 노동자들이 여성 조합원들에게 분뇨를 끼얹는 엽기적인 사건이 발생했다. 이른바 '똥물사건' 이후 단식 농성 등 투쟁을 벌인 노동자 126명을 사측이 해고했고, 전국의 노동계가 동일방직 사건 해결을 위한 집회에 나섰다. 동일방직 해직노동자들이 1978년 만든 연극 <동일방직 문제를 해결하라>는 노동자 희곡과 연극의 중요한 이정표가 되는 작품으로 평가받는다.

동일방직 의무실은 소설 『인간문제』에 등장하는 일제강점기 동양방적이나 1970년대 여성 노동운동에 직접 등장하지는 않는다 하더라도 동일방직이 지닌 인천경제사의 역사적 의미는 물론 근현대 노동사를 기억하고 연구하는 매개가 되기에 충분하다는 게 전문가들 주장이다.

사유재산이지만 빈 건물로 남겨두기보다는 인천의 경제사나 노동사와 관련한 활용방안이 고려돼야 할 필요가 있다.

일제 상권침탈에 맞선 '객주' **월아천**

또다른 독립투쟁의 현장

강제 개항한 1883년 이후 인천에서는 일본 상인과 청국 상인을 비롯해 제국주의 국가들의 상사 등이 진출함으로써 외국상사 간의 경쟁이 치열하게 벌어졌다. 인천이 서울의 관문인 데다 상하이와 일본으로 항해하는 제국주의 국가들의 상선 대부분이 인천에 기항했기 때문이다. 1897년 교역 총액을 살펴보면 인천항의 총 교역량은 941만4천 달러로, 부산항742만7천 달러, 원산항 212만5천 달러보다 훨씬 많았다.

이처럼 인천항을 중심으로 수출입 화물이 급격히 늘어나자 객주客主의 활동도 두드러졌다. 객주란 전국의 상품 집산지에서 물건을 맡아 팔거나 매매를 주선하고 수수료를 받는 것은 물론, 화물의 보관이나 운송, 숙박업, 기본적인 금융 서비스까지 제공한 중간상인을 말한다. 요즘 상법으로 해석하면 대규모 위탁매매업자다.

1897년 3월 독립신문에선 인천항에선 적어도 80~90명의 객주가 활동하고 있었고, 같은 해 인천항 감리인 강화석의 보고서에는 96명의 객주가 활동하고 있었다고 기록돼 있다. 그 때문에 인천 중구 내동을 중심으로 객주들의 가게인 '객주가'가 많아지게 됐다. 지역 문화계 원로인 김윤식 시인은 "당시 중구 내동 주변에는 정미소나 객주가, 대규모 기와집 등 인천에서 내로라하는 큰 집들이 몰려 있었다. 인천에서 가장 번화했던 곳이 내동 근처였기 때문에 당연히 벌어지는 현상이었다"고 설명했다.

그 객주가의 모습을 중구 내동의 '월아천'(한식당)에서 만날 수 있다. 등기부등본상에는 일제 강점기 시절인 1924년에 건축된 것으로 기록되어 있지만, 당시 사진 등을 살펴보면 실제 건축연도는 1890년대였던 것으로 추정되고 있다.

한여름 낮에도 월아천에선 시원한 바람을 맞을 수 있다. 2006년 이곳

1 개항장 당시 객주 건물 모습을 그대로 유지하고 있는 월아천 내부 모습.

2 월아천은 솟을대문과 중문, 본채 사랑채 꽃담으로 구성된 궁궐 형태를 갖추고 있다. 사진은 솟을대문 모습.

1

을 인수해 식당을 운영하고 있는 박정숙 사장은 "밖에서 바람이 하나도 불지 않는 날에도 우리 가게에는 항상 바람이 들어온다. 손님이 많지 않으면 에어컨이나 선풍기를 틀지 않아도 될 정도다"라고 했다.

전형적인 'ㅁ'형 한옥 구조인 이 건물은 솟을대문과 중문이 있고, 본채·사랑채·꽃담으로 이뤄지는 형태를 갖추고 있다.

집 내부에선 굵은 대들보와 서까래가 눈에 띈다. 집의 대들보와 서까래에 쓰인 나무는 황해도에서 공수한 소나무들을 사용했다고 한다. 못을 치지 않고 나무와 나무를 잇고, 엮은 것도 이 집의 특징이다.

박 사장은 "이 건물이 객주가로 사용됐던 만큼 방이 많은 편이다. 안방을 빼고도 작은 평수의 손님 방이 8~9개 정도 있다"고 설명했다. 객주가가 객주들의 상거래는 물론 지방 상인들이 인천에 와서 묵어가기 위한 숙박 용도로 사용됐음을 알 수 있다.

이와 함께 이 집 바깥벽 쪽에는 1평(3.3㎡)도 안 되는 비밀공간이 있었다고 한다. 안채로는 연결이 안 되고 건물 옆 3m 길이의 낭떠러지로만 나갈 수 있게 만든 숨은 공간이었다. 발견 당시 방바닥에 화문석이 깔렸던 것으로 미루어 짐작하면 누군가를 숨겨주기 위한 공간이었던 것으로 추측된다.

이같이 대규모 주택을 소유하고 있던 당시 객주들은 계속된 일제의 상권 침탈에 대항하기 위해 힘을 모았다. 개항장의 수출입상품 대부분은 자본력에서 앞선 외국 상인이 독점해 유통했기 때문이다. 이에 따라 1885년 인천항의 객주들은 일본인 등 외국 상인에 대항해 지역 상권을 보호할 목적으로 '인천객주상회(인천 상공회의소의 전신)'를 만들었다. 이들은 1902년 '일본제일은행'이 부산과 인천 등을 중심으로 조선 정부의 허락 없이 일본 화폐를 유통하자 수취 거부 운동으로 맞서기도 했다. 그러나 일제강점기가 시작된 이후 이들의 저항은 계속될 수 없었고, 1915년 조선총독부는 이들 단체를 강제로 해산했다.

3 달라진 삶과 주택

도원동 부영주택 ● 중구 경동 127 '한옥' ● 중구 남북동 '조병수 가옥'
중구 경동 169 '싸리재' ● 초연다구박물관 ● 관동갤러리 ● 조선기계제작소 사택
극동방송 옛 사옥·사택 ● 문학동 376-4 한옥 ● 미쓰비시 줄 사택
이야기 플러스 _ 알렌 별장 터

도원동 부영주택

1940년 산비탈에 축대 쌓아 건축

조봉암 선생의 뜻이 머물던 곳
돌아오지 못한 그를 기다리다

일제 강점기 지방관청인 인천부청仁川府廳은 지금의 중구 도원동, 동구 송림동, 남구 용현동과 숭의동 등에 도시계획에 따른 주택단지를 조성했다. 1930년대 후반 인천지역에 각종 공장이 들어서고 도시가 확장하면서 생긴 주택난을 해소하기 위해서다. 당시 인천부가 직접 지어 분양한 집을 '부영府營주택'이라 부른다. 지금의 '시영市營아파트'와 비슷하다.
인천 중구 도원동 12 일대에는 산비탈에 2m 남짓 높이의 축대를 쌓아 지은 부영주택 3채가 나란히 있다. 1940년 건립된 도원동 부영주택은 지금이야 낡은 한옥쯤으로 여기기 십상이지만 인천의 지방행정관청이 처음으로 계획을 세워 공급한 인천 도시계획 역사의 상징이다.

또한 도원동 부영주택은 죽산竹山 조봉암曺奉岩(1899~1959) 선생이 1940년대 살았던 집으로 인천에 남은 죽산의 유일한 흔적이기도 하다. 죽산 조봉암은 인천 출신으로 두 차례나 대통령 선거에 출마한 거물 정치인이었으나, 간첩으로 몰려 '사법 살인'을 당하였고 50년이 넘어서야 그 누명을 벗었다.

인천 첫 단지 분양주택

1937년 중일전쟁 이후 일본은 전쟁을 치르기 위해 조선 식민지 정책을 '병참기지화' 방향으로 바꾼다. 이 시기부터 본격적으로 인천은 군수품 생산과 수송을 위한 군수공업단지로 성장하게 되는데, 각종 공장이 확장·신설되면서 다른 지역에서 인천으로 몰려든 노동자들이 살 집이 부족해지기 시작했다. 이에 인천부는 1939년 '소小주택'이라는 이름으로 단지 분양주택 건설을 논의, 1940년 '도산桃山주택'이라는 이름의 첫 번째 부영주택을 도원동에 지었다. '도산'은 도원동의 옛 지명인 '도산정桃山町'에서 가져왔다. 인천부가 도원동 부영주택을 건설한 것은 조선총독부가 지금의 한국토지주택공사와 비슷한 기관인 '조선주택영단'을 설립해 단지주택 공급계획을 수립한 1941년보다 빠르다.

인천시립박물관의 2014년 조사보고서에 따르면, 당시 인천부가 작성한 '인천부영주택조성계획서'에서 부영주택 계획 이유에 대해 이렇게 설명했다. "생산력 확충에 수반되는 각종 공장의 진출이 두드러지며, 이에 필요한 인적자원인 공장노무자는 증가를 보이기 때문에 주택의 품귀를 초래한다. 각종 중요 산업의 원활한 운영을 방해하는 현 상황에 비추어 본 계획을 세워 300호를 건설하고자 하며 부평을 포함한 병참기지로 장차 산업도시로서 목적달성상 크므로 국책에 부합 기의에 입각한 조치다."

인천시립박물관은 2014년 조사에서 1940년대 위성사진 등을 분석해 도원동 부영주택은 총 28동이 지어진 것으로 파악했다. 부영주택은 도원동을 시작으로 동구 송림동, 남구 용현동과 숭의동, 부평구 부평동 등에 건설된 것으로 확인됐다.

도원동 부영주택은 대부분 철거됐고, 현재 나란히 서 있는 한옥 3채와 일본식 개량주택 1채가 남아있다. 한옥은 지하 1층, 지상 1층짜리 건물로 158.7㎡ 대지에 건축 면적은 78㎡이다. 마루와 방 2칸, 부엌이 딸린 구조다.

현재 남아있는 도원동 부영주택(한옥) 3채 중 한 곳은 빈집이다. 전문가들은 이 빈집이 건축 당시 구조와 모습을 상당 부분 간직하고 있다고 보고 있다.

2014년 인천시립박물관 조사에 참여한 홍현도 서울역사박물관 학예연구사는 "일제강점기 지방관청이 주도해 지은 한옥은 보기 드물고 일본이 한옥을 어떻게 바라봤는지를 알 수 있다는 점에서 건축사적 의미가 있는 주택이다. 역사적 관점에서 보존 가치가 크다"고 말했다.

부영주택과 죽산 조봉암

죽산 조봉암은 1942년부터 1948년 대한민국 초대 농림부장관으로 임명돼 서울로 가기 전까지 가족들과 도원동 부영주택에 살았다. 죽산의 맏딸 조호정 씨와 죽산의 주변 사람들에 따르면, 현재 나란히 남아있는 한옥 3채 가운데 중간 집이 죽산이 살던 집이다. 20채가 넘는 인근 부영주택이 헐리는 동안 다행히도 죽산이 살던 집은 아직 헐리지 않은 것이다. 도원동에 살던 기간은 독립운동에 헌신했던 죽산이 해방을 맞고 공산주의에서 전향, 본격적으로 정치가의 길을 걸으면서 제헌 국회의원에 당선된 중요한 시기다.

서울 종로구 자택에서 조호정 씨를 만나 죽산의 도원동 시절 이야기를 들었다. 부영주택으로 이사 왔을 당시 조호정 씨는 중구 답동 박문소학교를 다녔다고 한다. 죽산은 벼를 찧을 때 나오는 겨를 공급하는 인천비강업조합 조합장을 맡고 있었다.

조 씨는 "(부영주택 단지에) 대부분 조선사람이 살았고, 일본사람은 두 집 정도 있었던 걸로 기억한다"며 "아버지는 바빠서 집에 자주 들어오지 못했고, 청년들이 집에 많이 찾아왔다"고 회상했다. 조 씨는 해방 전에는 집으로 죽산을 찾아온 경찰의 위협이 무서웠고, 해방 후 격동기 속에서는 공산주의 진영과 갈등을 빚으며 싸우는 게 불안했다고 한다. 그는 "당시 학생이라 세상 물정도 몰랐지만, 아버지가 갈등도 많고 (정치적인) 싸움도 많이 했다는 건 알았다"고 했다.

조 씨는 죽산이 도원동 집에서 키우던 '샤리'라는 애완

견에게 장난스럽게 말을 걸곤 하던 모습이 많이 기억에 남는다고 한다. '샤리'는 죽산이 좋아하던 할리우드 인기 아역배우 셜리 템플Shirley Temple에서 딴 이름이다. 조 씨는 "아버지는 바쁜 와중에도 틈만 나면 집 근처 애관극장이나 표관극장에서 영화를 봤는데, 유독 로맨틱한 영화를 좋아했다. 겉으로는 강인한 모습만 보였지만, 실제로는 정도 많고 눈물도 많은 사람이었다"고 말했다.

죽산이 살았던 부영주택을 인천시 등이 공공차원에서 보존해야 한다는 목소리는 꾸준히 나왔다. 2011년 1월 20일 대법원 전원합의체는 죽산 조봉암에 대한 재심사건(일명 진보당 사건)에서 간첩과 국가보안법 위반 등 주요 공소사실에 대해 재판관 전원일치 의견으로 무죄를 선고했다. 당시 '죽산 재조명 바람'이 불면서 부영주택도 관심을 받았다.

그러나 죽산이 누명을 벗은 지 6년이 지난 현재는 그러한 관심이 적어진 것이 사실이다. 인천시가 '인천 가치 재창조'의 일환으로 '인천 인물 찾기'에 열을 올리고 있지만, 인천시청 홈페이지에 있는 '인천의 인물' 코너에는 어전히 죽산 조봉암이 태어난 해가 1898년으로 잘못 표기되어 있다.

죽산 조봉암이 1942년부터 1948년 대한민국 초대 농림부 장관으로 임명돼 서울로 가기 전까지 가족들과 살았던 도원동 부영주택. 현재 나란히 남아있는 한옥 3채 가운데 중간 집. 집으로 들어가는 계단이 건축 당시 모습 그대로 남아 있다.

중구 경동 127 '한옥'

1942년 '싸리재' 언덕길 인근에 세워진 주택

사람사는 이야기를 품고 역사가 된 '도시형 한옥'

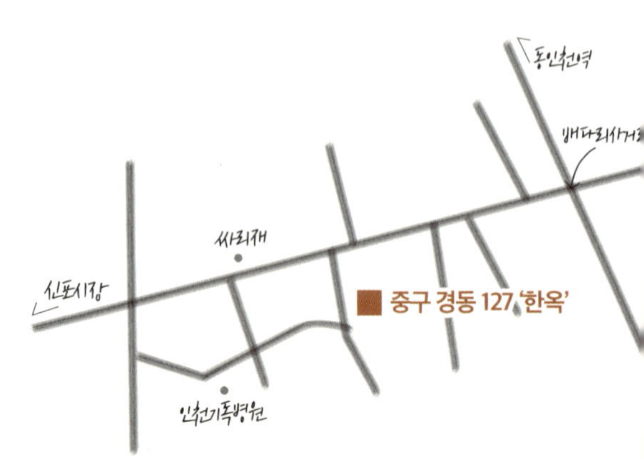

건축은 역사를 품고 있다. 특히 사람이 머물렀던 옛집은 더욱 많은 사연과 이야기들을 담고 있다. 인천시 중구 개항로 96번길 11(경동 127)의 1942년에 지어진 한옥이 바로 그런 경우다. 이 집에는 옛 건축물에 현대적 감각의 숨결을 불어넣는 일을 하는 건축재생 전문가 이의중 씨 가족이 2015년 가을 무렵부터 살고 있다. 평생을 아파트에서만 생활한 이 씨와 그의 가족이 경험해 보는 첫 번째 한옥이다. 이제껏 경험해보지 못한 수많은 불편함을 감수하면서까지 한옥에 살기로 한 이유를 그는 이 집과의 첫 만남을 잊을 수 없었기 때문이라고 했다.

이 집은 인천 사람들이 '싸리재'라고 부르는 언덕길 인근에 있다. 인천 경동사거리에서 애관극장 앞을 거쳐 배다리로 넘어가는 고개가 싸리재이다. 옛날 이곳에는 싸리나무가 흔했다고 한다.

경인철도가 개통되기 이전 배를 타고 인천항에 도착한 사람들은 서울로 가기 위해 이 싸리재를 넘어야 했다. 현재 인천 중구의 법정동 가운데 하나인 경동은 이 싸리재를 품고 있는데, 서울로 가는 길목이라 해서 서울 '경京' 자를 따왔다.

이 씨를 만나 그가 사는 집으로 향했다. 그는 싸리재에서 밤나무골이라 불린 율목동栗木洞으로 올라가는 작은 언덕길을 향해 걸었다. 인천 중구 율목동은 경동과 북쪽으로 맞닿아 있다. 미장원 옆 초라하기 짝이 없어 보이는 작은 철문 앞에 멈춰선 그는 열쇠를 꺼냈다. 머릿속에 그린 한옥의 모습이 보이지 않아 조금 당황스러웠다. 문을 열자 한 사람이 겨우 다닐 만한 좁은 진입로가 나타났고, 자갈이 깔린 좁은 길을 3~4m 더 들어서자 번듯한 한옥이 모습을 드러냈다.

기와는 시멘트로 바뀌었고 대청마루에 유리문을 덧대었지만, 전체적인 틀은 온전하였다. 신발을 벗고 대청마루로 올라섰다. 어른 키 두 배는 족히 넘어 보이는 높은 천정이 실내임에도 시원한 느낌을 주었다. 사용된 목재들도 잘 남아 있어 누가 보더라도 잘 지어진 집이라는 것을 느낄 수 있었다.

내부 구조는 디귿(ㄷ) 형태로 대청마루를 중심으로 양쪽으로 방과 부엌이 나란히 붙어있는 좌우가 대칭된 모습이었다. 뒷마당이었던 곳은 지금은 지붕을 얹어 주방으로 고쳐 쓰고 있었는데 그 모습이 특이했다.

1 정면에서 바라본 모습. 시멘트기와를 얹고 편의를 위해 유리창호를 덧댔다.

2 건물 측면(남쪽)과 후면(동쪽)의 모습.

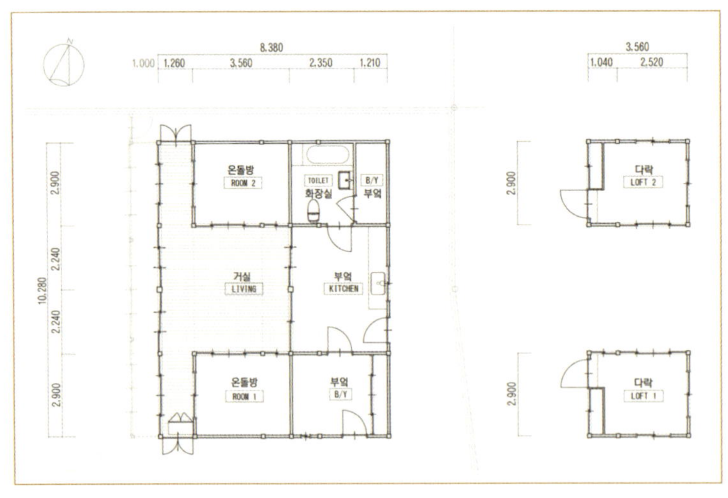

경동 127 한옥 평면도
[제공=이의중 (주)건축재생공방 대표]

1

2

그는 "옛 모습이 원형 그대로 잘 남아있는데, 근대에 지어진 도시형 한옥과 달리 이 한옥은 규모가 크고 고급 재료를 사용해 지어진 점이 특이하다"고 했다.

집 구경이 끝나고 나서 그는 이전 집주인이 미처 챙기지 못하고 두고 간 사진첩과 건축물대장 등 부동산 관련 서류들을 펼쳐놓으며 흥미로운 이야기를 풀어놓기 시작했다.

그가 이곳으로 거처를 옮기기 직전까지 이 집에 살았던 주인은 인천의 대표 막걸리 소성주를 만드는 인천탁주의 5대 회장인 고故 조인흡(1919~2015)이었다. 조 회장은 경기도 약사회 3·4대(1959. 10.~1961. 10.) 회장(지부장)을 지내기도 했다.

인천 관교동에서 태어난 조 회장은 경성약전(서울대 약대의 전신)을 나와 인천 율목동에 있던 경기도립병원에서 약사로 근무했다. 약사를 그만둔 뒤에는 배다리 인근에 '합동약국'을 개업했다.

그는 약국을 접고 관교동 일대에 있던 탁주 공장인 부천양조를 인수한 후 사업가의 길을 걸었다. 박정희 정부의 합리화 정책에 따라 인천에 있던 11개 지역 탁주 회사가 통합하는 우여곡절을 겪으며 출범한 인천탁주의 주주가 됐다. 그는 인천탁주의 5번째 회장으로 1979년부터 1995년까지 일하며 회사의 기틀을 잡아 놓았다. 전국 최초의 쌀막걸리인 소성주와 멸균 '테트라팩' 막걸리인 '농주'를 개발해 해외에 수출한 것도 그의 업적이다.

정규성 인천탁주 현 대표는 조인흡 회장에 대해 "11개 회사가 강제로 합쳐진 통합 회사의 경영을 안정화 시키며 기술 개발에도 노력하는 등 인천탁주의 기틀을 닦아 놓은 분"이라고 했다.

조 회장의 부인은 전순비 인천YWCA 명예이사다. 독실한 크리스천이었던 그녀는 40년 이상 이 단체의 회원으로서 지역 사회를 위한 봉사활동을 이어왔다. 그의 첫째 딸은 조윤희 서울바로크합주단 이사장이고 첫째 사위는 박진 전 국회의원이다.

조 회장의 가족은 1959년부터 이 집에 거주하였다. 그 이전에는 인근에 있던 상업은행 인천지점 직원들의 사택으로 사용됐던 것으로 추정된다. 기독병원 인근에 있던 상업은행 인천지점 자리에는 현재 대형 요양병원이 들어서 있다.

이 고택의 건축물대장에 처음 등장하는 인물인 정창모씨의 이야기도 흥미롭다. 1922년 《동아일보》 1월 21일 '근업소 정기총회' 기사를 보면 정씨가 회원 명단에 등장한다. 1922년 《동아일보》 5월 5일자 신문에 게재된, 인천에 사는 경상도 인사로 조직된 '경상친목총회' 모임이 열렸다는 기사에도 같은 이름이 등장한다.

근업소(권업소)는 1906년 대한제국 상공부의 허가를 받고 설립된 미곡중매업체로 수수료를 받고 일본인 상인에게 쌀을 중개하는 업체였다.

향토사학자인 신태범 박사의 『인천 한 세기』에는 권업소에 대해 "일어에 능통한 부산에서 올라온 영남 상인이 중심이 되어 1906년 조직한 미곡중개업체였다. 율목동은 권업소를 중심으로 발전했는데, 부산 등 영남사람이 주로 모여 있었다"고 소개한 대목이 있다.

한 주택이 품고 있는 사람의 이야기가 더 궁금해지는 순간이다.

중구 남북동 '조병수 가옥'

1890년 용유도에 지어진 인천광역시 문화재자료 제16호

대대손손 이어진 삶
백년을 넘어 살아숨쉬는 옛집

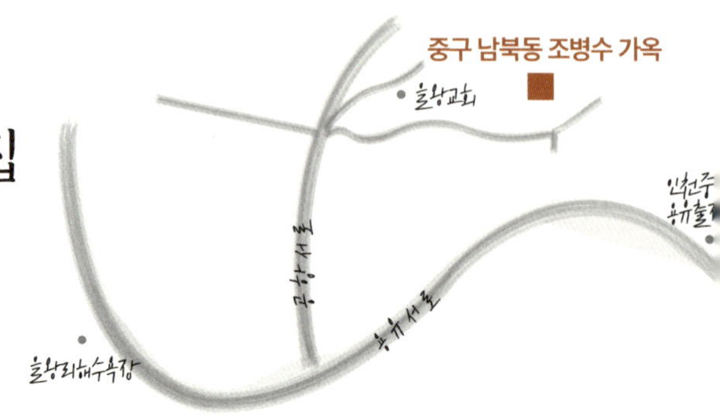

인천 중구 남북동 868의 '조병수 가옥'은 1997년 7월 등록된 인천광역시 문화재이다. 조선 말기에 지어진 옛집으로서, 현재도 사람이 살고 있다. 거주자의 삶의 모습과 더불어 당시의 건축 양식을 볼 수 있는 중요한 집 중 하나다. '조병수 가옥'은 1890년 용유도에 현 주인인 조병수 씨의 고조할아버지인 고故 조형규 씨가 지었다. 이 집은 지금도 조 씨와 자녀 등 6대째 대를 이어 살고 있다.

‘조병수 가옥’은 인천 중구 남북동 용유초등학교 정문 앞에서 구불구불 이어진 길을 따라 1㎞가량 떨어진 숲 속에 모습을 감추고 있었다. 집을 중심으로 뒤로는 산이 펼쳐져 있고 좌우로는 산맥이 흐른다. 대문은 남쪽을 바라보고 있다.

이러한 집터가 선조들이 집을 지을 때 가장 선호한 장소라는 것이 집주인의 설명이다. 조 씨는 “어른들한테 전해 듣기로는 고조할아버지께서 용유도에 터를 잡으시면서 바깥에서는 잘 보이지 않지만 안쪽에서는 밖이 잘 보이는 곳을 찾은 곳이 이곳이었다고 한다. 이 안에 들어와 있으면 어머니의 품에 있는 것 같은 편안함이 느껴진다”고 말했다.

‘조병수 가옥’은 경기도와 충청도 지방에 많이 분포하고 있는 전형적인 주거 형태인 ‘튼 미음(ㅁ)자 구조’다. 튼 미음(ㅁ)자 구조란 정문에서 바라볼 때 기역(ㄱ)자 형태의 건물 두 채가 마주 보고 있는 모양의 집이다. 건물 두 채 사이의 빈 공간은 천장이 없는 마당이다. 안채 왼쪽에는 부엌과 다락방이 있다. 거실을 중심으로 좌측에는 부엌과 맞닿은 3개의 방이 있고 우측에는 조 씨의 방이 배치돼 있다. 조 씨는 “이 집이 내륙에 있는 집들과 비교할 때 큰 형태는 아니지만, 용유도가 섬인 점을 고려하면 섬에 있는 다른 집들에 비해 상대적으로 규모가 큰 집”이라고 설명했다.

현재 안채에는 조 씨 일가가 거주하고 있고 사랑채는 한옥체험 형태의 숙박업소인 ‘오가물 게스트하우스’로 운영 중이다. 오가물은 조병수 가옥이 있는 지역 일대의 옛 이름이라고 한다.

조 씨는 “집이 오래 보존될 수 있었던 것은 육지에서 떨어진 섬에 있었다는 지리적인 부분도 있겠지만, 사람이 계속 집에서 생활하고 있기 때문이라고 생각한다. 사람이 집에 살면서 낡은 부분은 고쳐나가고 손을 봤기 때문에 이 집도 무너지거나 훼손되지 않고 보존될 수 있었던 것”이라고 강조했다. 이 점은 시사하는 바가 크다. 가옥의 의미와 가치는 그 현재성이 역사성에 우선된다고 해도 좋을 것이기 때문이다. 동국대학교 불교건축문화연구소 도병욱 연구원은 “최근 고택에 대한 관심이 높아지고 있는 가운데 조병수 가옥은 사람이 계속 살면서 건물이 유지됐다는 데 보다 큰 의미가 있다. 조병수 가옥이 단순히 오래돼 의미가 있는 것이 아니라 사람이 살 수 있는 집의 기능을 지금까지 유지하고 있다는 것에 더 의미를 부여해야 한다”고 강조했다.

‘조병수 가옥’의 특징 중 하나는 집의 경계라고 볼 수 있는 담장이 사랑

조병수 가옥은 지어질 당시 경기도와 충청도 지방에 많이 분포하고 있는 주거 형태인 트인 미음(ㅁ)자 구조이다.

2

채 건물보다 안쪽에 세워져 있다는 점이다. 도병욱 연구원은 "옛집들은 대문의 개념을 안채로 들어가는 중간 단계의 문 정도로 인식해 만들어진 경우가 많다. 조병수 가옥과 같이 바깥채(사랑채) 건물이 담보다 밖에 있다는 것도 앞마당 전체가 자기 땅이라고 인식하고 있기 때문으로 볼 수 있다. 사랑채가 바깥에 배치돼 앞쪽으로 별도의 담장이나 문이 설치되지 않았다는 것은 외부 사람들이 쉽게 드나들며 만나는 공간이었다는 것을 의미한다"고 설명했다. 아울러 "조병수 가옥은 섬에 위치하고 있다는 점을 감안해야 한다. 당시 집을 짓는 목재나 기와 등을 옮겨오려면 배를 이용해야 하는데 이 점으로 미루어 집주인이 상당한 재력을 갖췄던 것으로 추정된다"고 덧붙였다.

'조병수 가옥'은 1919년 3·1 운동과 맞물려 용유도에서 일어난 3·28 독립운동을 준비한 장소로도 알려져 있다. 용유도 3·28 독립운동은 1919년 3월 28일 조명원 등 혈성단이 주축이 돼 용유도 주민 150여 명이 한 만세 시위운동이다. 조 씨의 숙항 조명원은 서울에서 1919년 3·1 독립선언식에 참여한 뒤, 용유도로 들어와 이 집의 사랑채에서 조종서, 문무현, 최봉학 등과 함께 비밀 항일투쟁단체인 '혈성단血成團'을 조직해 용유도 3·28 독립운동 등을 계획한 것으로 알려져 있다.

1 집의 경계라고 볼 수 있는 담장은 사랑채 안쪽과 연결되는 독특한 양식으로 지어졌다.

2 조병수 가옥 안채의 마루에 서재처럼 휴식 공간이 마련되어 있다.

3 조병수 가옥 방의 모습이 옛 정취를 물신 풍긴다.

4 조병수 씨의 선조들이 대한제국 고종황제의 장례에 참석한 뒤 남긴 가족사진.

중구 경동 169 '싸리재'

1910~1920년 사이 세워진 도심형 개량한옥

개항장서 서울 가던 언덕길 '싸리재'라 불리는 문화공간

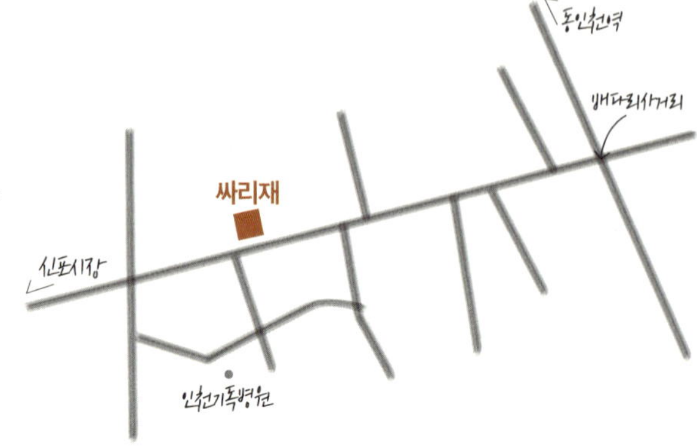

인천 사람들이 '싸리재'라고 부르는 언덕길이 있다. 경인철도가 개통되기 이전 배를 타고 인천항에서 내린 사람들이 서울로 가기 위해서는 반드시 이 싸리재를 넘어야 했다고 한다. 인천 중구 경동 사거리에서 애관극장을 거쳐 배다리로 넘어가는 길이 이어지는 싸리재는 이제는 택시 운전기사들에게마저 점점 잊혀가는 낯선 이름이 되어가고 있다.

싸리재를 배다리방향으로 걷다 보면 길가 왼편에 '싸리재'라는 간판이 걸린 상점을 만날 수 있다. 이 상점을 '카페'나 '커피 전문점'으로 부르거나 '문화공간' 등으로 규정할 수도 있지만, 이곳 주인은 그냥 '싸리재'라는 이름만 붙였다.

인천 중구 경동 169번지에 있는 상점 싸리재는 의료기기 상을 하던 박차영 씨가 내부를 다시 꾸며 지난 2013년 10월 문을 연 공간이다. 이 싸리재에서는 차를 마시며 음악을 들을 수 있고 오래된 책을 읽어볼 수도 있으며 때로는 이따금 열리는 문화예술 강의를 들을 수도 있다. 지금은 근대역사를 공부하는 사람들의 답사 코스에서 빠지지 않는 명소이다.

건물 밖에서 보는 것과 달리 이 건물의 내부를 살펴보면 오래된 한옥임을 알 수 있다. 건물 내부에는 목재 등과 벽체가 고스란히 남아있는 것을 볼 수 있다. 배성수 인천시립박물관 전시교육부장은 “이 집은 미음(ㅁ)자 형태로 지어진 1900~1920년대 사이에 유행했던 형태의 전형적인 도심형 개량한옥이며 부지면적이 넓었던 전통 한옥과 달리 좁은 부지를 효율적으로 활용해 지어진 것이 이 건물의 특징이다”고 말했다.

이 건물의 이력을 확인해보면 토지대장에서는 1911년부터 기록이 시작되고 건축물대장에는 1920년 9월 9일 신축된 것으로 나타나 있다. 1910~1920년 사이에 지어진 것으로 추정할 수 있는 대목이다. 애초 건물은 단층 한옥으로 지어졌지만 길가와 닿아있는 미음(ㅁ)자 한 변은 2층으로 되어있다. 2층 건물에 있는 상량문이 1930년에 증축한 사실을 알려준다. 1930년에 증축된 1~2층의 건축 양식은 일본식도 아니고 전통 한옥의 방식도 아닌 여러 방법이 혼재되어 있다고 전문가들은 말한다.

전문가들은 한옥을 개량해 2층 상점으로 올렸다는 점에서 이 집의 가치를 주목할 필요가 있다고 설명한다. 배 전시교육부장은 “싸리재의 한자

2

1

1 인천 중구 경동 169에 있는 '싸리재'의 후면. 싸리재 길에 사람의 왕래가 늘자 상점으로 활용하기 위해 1930년 건물 일부를 증축한 것으로 추정된다. **2** 주방과 의료기기 판매점 등으로 사용하는 1층 **3** 위 아래층을 연결하는 계단 벽면에 있는 책꽂이에 전시된 구형 사진기 **4** 명품 스피커로 음악을 감상할 수 있는 공간

2층 벽면에 진열된 문예지들의 초판본과 천장의 목재가 잘 드러나는 2층의 모습

이름인 '축현'이 개항 이후부터 등장하는 것으로 미뤄보면 싸리재 길은 인적이 드문 작은 시골 길에 불과했던 것으로 추정된다. 싸리재를 오가는 사람들이 늘어난 시점은 이 고개가 개항장에서 서울 가는 길로 이용되면서부터였다"고 설명했다. 또 "개항장에 거주하던 중국인과 일본인들이 조계 외곽인 조선인 마을을 잠식해 갔고 그곳의 조선인들은 싸리재 너머로 밀려났는데, 밀려난 조선인들이 가족의 생계를 책임지기 위해 매일 이 고개를 넘어야 했다. 이 길은 개항장 안팎으로 형성된 번화가와 고개 너머 가난한 조선인 마을을 이어주는 통로이자 경계가 됐다"고 덧붙였다.

이 싸리재 고갯길을 지키고 있는 상점 '싸리재'를 찾았다. 이 공간에는 오래된 LP 레코드판, 고서적, 축음기, 스피커, 카메라 등이 가득해 마치 박물관을 연상케 했다. 상점주인 박 씨가 직접 모은 것도 있지만, 대부분 주변 지인들로부터 얻은 것이 많다고 한다. 박 씨는 이 자리에서 의료기기 상점을 운영하며 제법 큰 수익도 올렸다. 병원 등 거래처를 관리하는 영업사원을 여럿 두었을 정도로 호황을 누렸지만 IMF를 겪으며 내리막을 걸었다.

혼자 겨우겨우 의료기기 상점을 운영해오던 박 씨는 카페 문을 열기로 하고 2013년 공사를 시작했다. 박 씨가 처음부터 오래된 한옥을 보존하고 가치 있게 활용해야겠다는 생각을 한 것은 아니었다. 그냥 가벼운 마음으로 장사를 시작하려 건물을 수리하던 중 집의 내력과 마주하면서부터 일이 커졌다. 건물을 뜯어내니 오래된 목재와 벽체가 고스란히 남아 있는 것을 발견하고는 함부로 공사해선 안 되겠다 싶어 전문가를 찾아갔다.

"일이 커졌죠. 20일로 계획했던 공사 기간은 5개월로 늘어났고, 공사비용도 애초 980만원 견적에서 7천만원으로 늘어났습니다. 갑자기 오래된 한옥을 살려보겠다는 저를 두고 동네 사람들은 미쳤다는 말을 하곤 했습니다."

공사 내내 들리던 동네 사람들의 수군거림은 공사가 끝나고 가게 문을 열자 탄성으로 바뀌었다. 박 씨의 바람은 소박했다. 박 씨는 "아름다운 보석이 보석함에 있을 때보다는 누군가가 그 보석을 썼을 때 더 빛이 발하는 법이다. 개인적인 욕심에 공간을 만들긴 했지만, 이 곳에 더 많은 사람들이 관심을 갖고 또 찾아주었으면 하는 바람이다"고 말했다. 그리고 "인천에 이런 공간 하나쯤은 오랜 시간 계속 남아있었으면 좋겠다. 명소로 가꿔가겠다"고 덧붙였다.

한편, 최근에는 이 고택에 대한 내력이 새롭게 드러나기도 했다. 바로 100여년 전 인천의 거부로 불리던 유군성(1880~1947)의 흔적이 싸리재에 남아있었던 것이다. 슬하에 4남 3녀를 둔 강화 출신 거부 유군성은 아들 명의로 이 집을 매입한 후 직접 목재를 대서 증축한 뒤, 결혼한 차남인 유용묵(1909~1978) 내외의 독립을 위해 포목점을 내 줬다는 것이다. 유용묵은 목재업과 정미업으로 큰 돈을 벌었는데, 당시 차남은 아버지가 차려준 포목점 '금룡상회'를 운영하며 강화에서 가져온 직물을 팔았고, 틈날 때 마다 목재 원산지인 중국 등을 오가며 아버지의 일을 도왔다고 한다.

이러한 사실은 유군성 씨 차남의 3남인 유재권 씨가 싸리재를 방문하면서 알려졌다. 유군성의 차남 유용묵씨 가족은 10년가까이 이 곳에서 거주했다고 한다. 유재권 씨는 "조부와 부친의 흔적이 있는 공간이 지금까지도 남아 있다는 점이 무척 감격스러웠다"며 "우리가 옛 건물을 함부로 허물지 않아야 하는 이유가 이러한 이유인 것 같다는 생각이 든다"고 말했다.

초연다구박물관

1932년 건립 추정 일본식 다가구 나가야(長屋) 주택

개항기 배에는 문화도 함께 실려와 역사의 한편 일제가 남긴 '적산가옥'

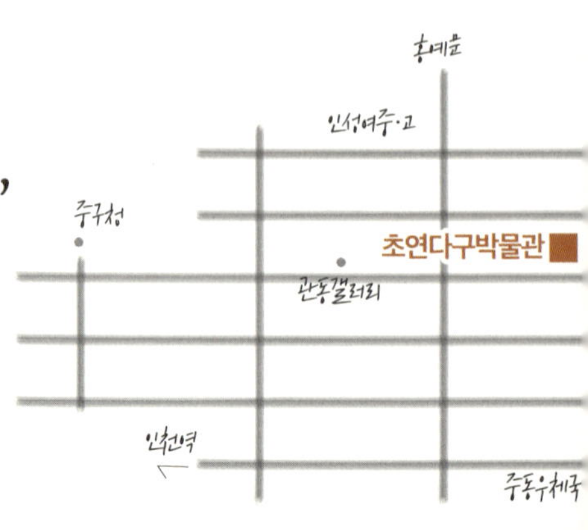

우리에겐 받아들이기 어려운 이국의 문물이었지만 인천을 찾은 이방인들에게는 모든 것이 이역만리 타국에서 고향을 간접적으로 느낄 수 있는 것들이었다. 이방인들이 들여온 문물 가운데 주거 문화는 특별한 영향을 끼쳤다. 기존의 주거 문화가 급격히 바뀐 것은 아니었지만 시간이 흐르면서 우리 고유의 주거 양식이 일본과 중국 그리고 서양의 주거 방식과 결합해 정착했다.

인천 개항장 일대에는 외국인 거류지별로 각 국가의 특색이 반영된 주택이 들어섰고 지금은 그들이 떠난 자리에 그 당시의 숨을 품은 일부 건물들만이 남아있다. 특히 조선을 강제 병합한 일본은 개항 때부터 1945년 해방 직전까지 자국식 건물들을 많이 세웠다. 이후 이들이 떠난 뒤 남은 주택들은 적산가옥敵産家屋으로 남았고, 사람들의 발길이 끊이지 않는 역사의 흔적이 되고 있다.

인천 중구 신포로 39번길 8-1(송학동 3가 5-38) 적산가옥 가운데 하나를 활용해 꽃차 박물관으로 활용하고 있는 초연다구박물관을 찾았다. 성인 남성 무릎 높이의 시멘트 담장 한가운데 철문을 열고 들어가면 자그마한 정원을 따라 벽돌 계단이 나온다. 계단을 따라올라 박물관의 문을 열면 울긋불긋 꽃차들이 담긴 병으로 채워진 한쪽 벽면을 마주하게 된다. 인천에서 다도茶道를 교육하던 박영혜 관장이 지난 2014년 우연히 이 집 앞을 지나가다 발견해 매입하였고 내부를 다시 꾸며 지난 2015년 초 문을 열었다. 건물 외벽은 긴 직사각형 모양으로 자른 나무로 외벽을 둘러 깔끔하다. 오래된 건물임을 알기 위해선 2층으로 올라가 봐야 한다. 2층 천장을 살

펴보면 서까래와 대들보가 이 집의 역사를 말해준다.

이 건물은 1932년에 지어진 것으로 추정된다. 박 관장은 건물을 리모델링하면서 천장에서 흰 종이에 싸인 오각형 모양의 상량문을 발견했다. 앞면에는 '소화7년 10월昭和七年十月', 뒷면에는 '봉상동식奉上棟式'이라고 적혀 있었다. 집 주인의 이름이 적혀있진 않지만 가주家主, 신주神主 등이 적혀 있는 것을 볼 때 건물이 안전하게 지어지길 기원하는 마음에서 이 상량문을 걸었던 것으로 추정된다.

박 관장은 "오랫동안 집을 관리하지 않아서인지 집 안의 자재들이 대부분 썩거나 거의 쓰지 못 할 정도였다. 상량문을 발견하면서 이 집이 얼마나 오래됐는지 알게 됐고 집의 오래된 먼지들을 벗겨내고 새로운 자재들로 채워나가면서 집의 모양새를 되찾기 시작했다"고 말했다.

건물은 1층과 2층이 나무 계단으로 이어져 있고 2층의 높이가 1층보다 상대적으로 높은 형태를 띠고 있다.

박 관장은 "큰 도로를 향해 난 출입문을 통해 1층이 연결돼 있었고 문을 열고 들어오면 부엌이 있었다. 집 중앙에는 복도가 나 있어 큰 도로를 향

초연다구박물관은 건축 당시엔 3채의 일본식 연립주택이 이어진 나가야(長屋) 주택 형태였지만, 박영혜 관장이 건물을 매입해 리모델링하면서 중간의 건물을 허물고 정원을 만들었다. 왼쪽 사진은 초연다구박물관이며, 오른쪽 사진은 초연다구박물관이 나가야 주택으로 건축됐을 때의 모습을 추정할 수 있는 건물이다.

초연다구박물관은 현재 차를 끓여 마시는데 필요한 도구를 전시한 박물관과 꽃 차를 시음하고 구매할 수 있는 곳으로 활용하고 있다. 박물관 1층으로 들어가면 수십 종의 꽃 차들이 병에 담겨 있는 모습을 볼 수 있다.

해 방 3개가 나란히 나 있고, 미닫이 형태의 문이 있었다"고 리모델링 전의 모습을 설명했다. 또한 "측면으로 난 출입문을 통하면 2층으로 올라갈 수 있는 계단이 있고, 2층에는 화장실과 방이 4개가 있었다. 화장실에 맞닿은 방은 신당처럼 꾸며져 있었다"고 덧붙였다.

이 집은 일본식 주거 형태 중 하나인 나가야長屋 주택 형태로 지어졌다. 나가야 주택은 한 건물 안에 여러 가구가 밀집해 거주하는 일본식 다세대 주택이라 할 수 있다.

나가야 주택인 초연다구박물관은 당초 3채의 집 중 하나였다고 한다. 박 관장은 3채의 집(건물)을 모두 매입할 계획이었지만 마지막 집의 주인을 찾을 수 없어 매입을 포기했다고 한다. 박 관장은 3개의 건물 가운데 2개를 매입하고, 중간에 있던 건물을 모두 헐어 일본식 후정後庭으로 조성했다. 박물관 뒤로 난 문을 열고 나가면 일본에서 가지고 온 석탑과 한옥 기와로 둘러싼 정원이 나타난다. 그는 "이 집이 처음엔 들어오기 싫을 정도로 내부가 너무 망가져 있었는데, 조금씩 손을 보고 고쳐나가면서 지금의 이 모습이 됐다. 이 건축물이 전통 한옥처럼 정교하게 지어진 것은 아니지만 조금씩 가꿔 나가면서 집에 생명을 불어넣고 있다는 생각이 든다"고 말했다.

이에 대해 일본에서 건축사를 전공한 재생건축 전문가 이의중 건축재생공방 대표는 "나가야 주택은 지금도 일본의 도쿄나 오사카 등에서 많이 볼 수 있는 형태의 민가 주택이다. 개항과 함께 인천을 찾은 사람들의 주거 문제가 중요한 문제로 떠올랐을 것이고, 넓지 않은 토지를 효율적으로 이용하기 위해 지금의 연립주택과 같은 나가야 주택이 개항장 일대에 들어선 것으로 보인다"고 말했다.

한편 초연다구박물관을 방문한 날 초연다구박물관엔 9명의 일본인 관광객이 찾았는데, 상량문에 적힌 글귀를 보고 한 목소리로 "소화 7년(1932년)에 지어진 집이 이렇게까지 오래 보존되고 있다는 게 놀랍다"고 감탄했다.

관동갤러리

공사 때 발견된 경성일보와 상량문으로 1920~1930년대 건축 추정

일본인이 짓고 일본인이 재생한 역사적 사료

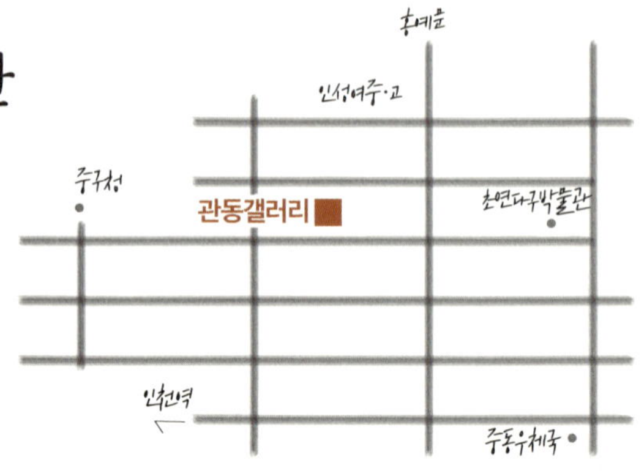

1883년 개항 이후 1945년 일본이 패망하기까지 인천은 조선인은 물론 일본인의 삶의 터전이기도 했다. 일제시대 인천부 청사로 쓰인 인천 중구청 인근에도 자연스레 일본인들이 자리를 잡았고 집들이 지어졌다. 중구 청사와 3~4분 거리의 '인천관동갤러리' 건물 역시 평범한 일본 사람들이 살던 생활공간이었다. 처음 일본인의 손으로 세워진 이 집은 공교롭게도 수십 년의 시간이 흐른 지금 일본에서 태어나 현재 한국에서 저널리스트로 활동 중인 도다 이쿠코 씨의 살림집이자 일터로 쓰이고 있다.

관동갤러리의 주소는 인천시 중구 신포로31번길 38(관동2가 4-10)로 갤러리 이름의 '관동官洞'은 도로명 주소를 쓰기 이전 집의 주소인 법정동 관동에서 따왔다고 한다. 도로명 주소 시행으로 쓰이지 않게 될 '관동'이라는 지명을 사람들의 기억에 남기겠다는 도다 관장의 세심한 배려로 붙여진 이름이다.

통상적으로 갤러리는 사람들의 이목을 끌기 위해 눈에 띄게 지어져 동네의 '랜드마크' 역할을 하지만 이 갤러리는 주변 주택에 묻혀 잘 보이지 않는다. 그 흔한 돌출 간판 하나 붙어있지 않았다. 외벽도 화려한 장식 대신 회색 철판으로 얌전하게 꾸며져 있다.

정면에서 보면 왼쪽 건물이 도다 부부가 사는 살림집이고 오른쪽이 갤러리로 쓰이고 있는 건물이다. 부부는 왼쪽 살림집을 2013년 3월 인수해 살다가 다음 해 1월 오른쪽 집을 추가로 사들여 1년여의 공사를 거쳐 갤러리로 꾸몄다. 설명을 듣지 않고는 육안으로 식별할 수 없지만, 이 집은 본래 6채가 나란히 붙어 지붕과 벽을 함께 쓰는 한 동의 건물로 지어졌다. 번호를 붙이면 부부가 사는 곳은 2·3번째 집이다. 이렇게 한 동을 여러 채의 집으로 나눈 일본식 건물 형식을 '나가야長屋'라고 한다.

1883년 개항 이후 1945년 해방될 때까지 인천에는 일본 조계지를 중심으로 많은 일본식 목조 건축물이 지어졌다. 현재 중구청인 인천부 청사 앞은 '혼마치本町'라 불린 번화가로 은행과 상점이 있었다. 옛 엽서를 보면 이 일대의 모습을 확인할 수 있다.

거리엔 2층 기와집 목조 주택이 줄지어 늘어서 있는데, 교토나 도쿄 등 일본의 전형적인 도시 경관과 흡사했다. 격자 모양으로 도로를 배치해 택지를 구분하고 길과 맞닿은 '마치야町屋'라고 하는 목조주택 건물이 들어섰다. 마치야는 상인이나 기술자들이 살면서 일도 하던 '직주일체職住一體' 도시형 주택이다. 마치야는 단독형과 연립형 두 가지 형식이 있는데, 관동갤러리처럼 한 동의 건물

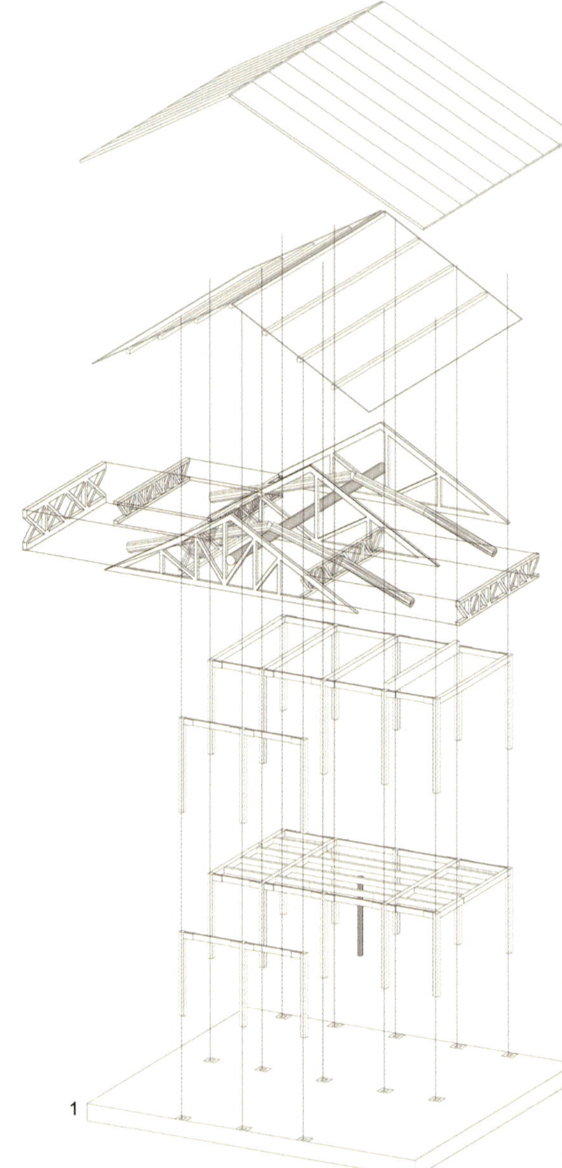

1 재생공사 당시 목조보강 계획도 [제공=인천관동갤러리]

2 재생공사 직전의 인천관동갤러리 모습. 외벽이 타일로 마감돼있어 옛 건축물로 보이지 않지만 내부에는 옛 흔적이 남아있다. [제공=인천관동갤러리]

3 오래된 목조주택의 골격을 보존 재생하기 위해 내부 구조물을 보강해야 했다. 이를 재현한 모형.

4 건물 재생공사 도중 내부 마감재를 뜯어내자 1924년(大正13년) 1월 19일 발행된 경성일보가 발견됐다.

을 몇 개 집으로 나눈 연립형식을 '나가야長屋'라고 한다.

한양대 건축학부에 재직했던 건축가 도미이 마사노리(冨井正憲)는 나가야가 1600년대 중반 즈음 교토에 근무하는 하급 무사들의 주거지로 사용되기 시작했고 에도 시대엔 도시 서민주택 형식으로 널리 발달했다고 설명한다. 도미이 씨는 1년을 투자해 이 집의 역사를 밝히고 원래 구조를 살리며 주인의 용도에 맞게 고쳤다. 왼쪽 살림집 내부는 거의 손을 대지 않

았지만 오른쪽 갤러리를 재생하는 작업은 엄청난 공을 들여야 했다. 도미이 씨는 '살아있는 집, 그리고 앞으로도 살아가는 집'을 구현하겠다는 생각을 가지고 가급적 모든 재료를 거의 다시 살렸고 전 주인의 흔적들도 그대로 남겼다. 갤러리 곳곳에는 깨진 타일 벽체와 가스배관, 구멍 등이 그대로 남아있다.

이 집의 역사는 어림잡아 90여년 전으로 거슬러 올라간다. 건축물대장에는 1939년 신축으로 나와 있지만 이 집의 재생공사 과정에서 합판을 뜯어보니 1924년(大正 13년) 1월 19일 발행한 경성일보가 붙어있었다. 이 집과 비슷한 인근 다른 주택에서 1932년(昭和 7년)에 작성된 상량문이 발견된 것을 보면 1920~30년대 지

어진 것으로 추정된다.

도다 관장의 남편은 사진작가 류은규 씨로 부부가 인천에 정착한 것은 지난 2013년 5월의 일이다. 한국에서 결혼해 20년 동안 아파트 생활을 한 부부는 항상 마음 한 구석이 불편했다고 한다. 도다 관장은 집이 바뀌면 전에 살았던 사람의 흔적이 모두 사라지는 도시 아파트가 역사를 공부하는 사람의 입장에서 매력을 느끼지 못했다고 한다. 때마침 아들이 곁을 떠나 유학길에 오르자 그들은 공항이 가깝고 근대 역사의 흔적이 곳곳에 남아있는 인천으로 옮기기로 하고 집을 찾아 나섰다.

2013년 1월부터 중구 일대에서 집을 수소문하던 도다 관장은 1개월여가 지나고 부동산중개업소 소개로 우연히 이 집을 알게 됐다. 그는 처음 집을 본 순간을 잊지 못한다고 했다. 유년 시절 그가 일본에서 살았던 집과 똑같은 형태의 집을 인천에서 만난 것이다. 그는 "그동안 잊고 살았던 기억이 이 집에 발을 들이는 순간 깨어났다. 이 집의 문을 열고 들어서는 순간 '이 집이 내 집이구나' 하는 사실을 직감적으로 느꼈다."고 말했다. 옛 기억 그대로 현관문을 열고 들어가면 긴 복도가 나오고 복도 오른쪽으로 방이 배치돼 있었다. 복도 끝은 부엌이었고 마당과 창고가 있었던 전형적인 나가야 형식이었다.

1 인천관동갤러리 1층 내부 전경. 전통 공예품을 전시 판매하는 공간과 작가들이 이용하는 게스트룸 등으로 꾸며져 있다.

2 2층 천장 합판을 뜯어 지붕이 보이도록 개방한 뒤 바닥을 보강해 서재로 꾸몄다. 다락 공간이 각 세대 구분 없이 이어지며 큰 대들보가 두 집을 관통한다.

도다 관장뿐 아니라 이곳을 찾는 다른 일본인들도 옛 기억을 떠올리게 된다고 한다. 도다 관장은 "할아버지나 할머니가 살았거나, 어린 시절 살았던 집과 똑같은데 이런 집이 어떻게 바다 건너 한국 땅 인천에 있는지 놀라는 사람들이 많다"고 말했다. 그는 "이런 이야기가 나오면 자연스레 일본의 제국주의 역사를 설명하게 될 수밖에 없다. 근대 역사를 배우지 못하고 자란 일본인에게도 더없이 소중한 역사적 사료가 되고 있다"고 덧붙였다.

조선기계제작소 사택

1937년 공장과 함께 건립 추정

일제강점기 군수공장 사택
먼지 앉은 근대산업유산

인천 동구 만석동과 화수동 일대, 갯벌을 메운 자리에는 1930년대 조선기계제작소, 동양방직, 도쿄시바우라전기 등 대규모 공장들이 들어섰다. 전국의 노동자들이 일거리를 찾아 인천으로 모여들었고 일본인들도 공장을 경영하기 위해 인천으로 이주했다. 1940년대 군수공장 기능이 더해지면서 설비를 확장한 조선기계제작소에만 5천여 명이 일했다. 이 때문에 만석동, 화수동 일대 인구가 급증하였고 주택난이 심각해졌다. 당시 관공서에서는 직원과 일반주민을 위해 주택단지(관영주택)를 공급했고 공장들은 노동자 기숙사 등 사택을 지었다.

1930~1940년대 등장한 공장 사택은 도시개발 과정에서 대부분 철거됐거나 일본식 건물이 우리나라 건물로 개조되었다. 그런 중에도 원형의 모습을 제법 간직하고 있는 몇몇 건축물이 남아있으니 만석동과 화수동 일대에 있는 공장 사택들은 일제가 남긴 아픈 역사이기는 하지만 당시 인천의 산업형태를 가늠케 하는 근대산업유산이라는 점에서는 간과할 수 없는 가치가 있다고 하겠다.

이성진 인천골목문화지킴이 대표와 동구에 있는 일제강점기 일본공장 사택을 답사했다. 다양한 형태로 현재까지 남아있는 조선기계제작소 사택이 눈에 띄었다. 조선기계제작소 사택은 송현동과 화수동에 간부급 직원이 살던 집과 노동자가 살던 집 등으로 나뉘어 남아있다. 조선기계제작소는 일제가 대륙침략을 본격화하던 1937년 설립된 회사로 인천 만석동에 자리 잡았다. 현 두산인프라코어 인천공장의 전신이다. 광산용 기계와 선박 기계를 주력으로 생산했고, 1943년 일본 육군의 잠수함 건조 명령으로 조선소로 전환하게 됐다. 공장의 확충에 따라 인력도 자연스레 증원됐는데, 이에 따라 동구 화수동과 송현동에 근로자 숙소 99동을 신축했다. 일본인 숙소는 54동, 조선인 숙소는 45동이었다.

송현동에는 1940년대 초반 지은 2층짜리 일본식 목조 주택들이 있다. 이성진 대표는 "규모로 미루어 볼 때 일반직원이 아닌 간부급 직원이 생활했던 곳으로 추정된다"고 말했다. 건물 외벽에 시멘트를 바르거나 타일

1 1940년대 노동자들에 공급된 대표적 집단주택 형태인 송현동 노동자 연립주택

2 조선기계제작소이던 두산인프라코어 인천공장 인근에 위치한 화수동 기술자 사택

3,4 일본식 목조주택의 외형이지만, 외벽에 타일을 붙여 변형된 상태의 송현동 간부 사택

최근 공영주차장이 조성되면서 사라지고 일부 흔적만 남아있는 근로보국대 합숙소

을 붙여 건축 당시 모습이 변형됐으나 지붕 쪽 환기구 등 전형적인 일본식 건축방식은 여전히 확인할 수 있다.

송현동 솔빛마을 아파트단지로 걸음을 옮기자, 조선기계제작소 노동자들이 살던 병렬식 연립주택이 나왔다. 모두 8개 동이 있었으나 지금은 안쪽 2개 동이 철거된 상황이다. 다닥다닥 붙어있는 송현동 노동자 사택은 1940년대 노동자를 위해 공급된 대표적인 집단주택의 형태다. 대부분 20㎡가 넘지 않는 좁은 면적이며 공동화장실을 썼다. 지금은 증축 등으로 외부 모습은 원형을 찾기 어려우나 내부는 당시 구조를 유지하고 있는 집이 많다. 일본의 전시戰時 노동자 주택 건설 계획을 들여다볼 수 있는 곳으로, 실측조사 등 학술연구가 필요하다는 게 전문가들의 의견이다.

이성진 대표는 "노동자 사택은 아파트단지가 들어선 수도국산 아래까지 대규모로 조성됐던 것으로 보인다. 산 쪽으로 갈수록 주거환경이 나빠졌고 산 아래는 판자로 지은 '하꼬방'이었다는 게 당시 조선기계제작소에서 일한 노동자의 얘기이다"고 말했다.

기술자들이 살던 곳으로 알려진 화수동 조선기계제작소 사택은 1937년 공장 건설 초기에 공장과 함께 지어진 것으로 추정된다. 원래 구조는 거실과 방 3개에 화장실을 따로 갖춘 현대식 주택이다. 같은 연립주택이

도쿄시바우라전기(도시바) 인천공장의 사택으로 추정되는 일본식 주택

지만 전시체제에 지은 송현동 노동자 사택과는 대조적이다.

1960년대부터 이 집에서 살고 있는 이경모 씨에 따르면, 이곳으로 이주해올 당시 한국기계공업(두산인프라코어) '과장급'이 많이 사는 일정 수준의 부촌이었다고 한다.

화수동 조선기계제작소 사택 인근에는 최근까지도 조선기계제작소 근로보국대 합숙소가 남아있었다. 근로보국대는 1937년 중일전쟁 이후 일제가 조선인의 노동력을 수탈하기 위해 강제로 동원한 노역조직이다. 근로보국대 합숙소는 중앙을 관통하는 복도 좌우로 연달아 비좁은 방이 있는 구조이고, 복도 끝에는 공동 화장실과 식당이 있었다. 일제의 수탈역사를 생생히 보여주던 근로보국대 합숙소는 최근 철거돼 인천 동구가 공영주차장을 조성했다. 이성진 대표는 "역사적으로나 건축적으로도 의미가 있는 건축물이었다. 근대산업유산에 대한 가치 재평가가 필요하다"고 했다.

조선기계제작소 사택 이외에도 인천 동구 일대에는 도쿄시바우라전기(현 도시바) 인천공장 사택, 조선철도 공작창 사택, 동양방적(동일방직) 의무실, 조일장유주식회사 공장 등 근대산업유산이 즐비하다. 이 지역 근대산업유산에 대한 전반적인 실태조사와 함께 중장기적인 보존·활용방안 등 재조명 작업이 시급한 상황이다.

극동방송 옛 사옥·사택

1950년대 선교사들이 직접 지은 건물 여덟채

대한민국 첫 해외송출 방송
자유주의 퍼뜨린 '작은 마을'

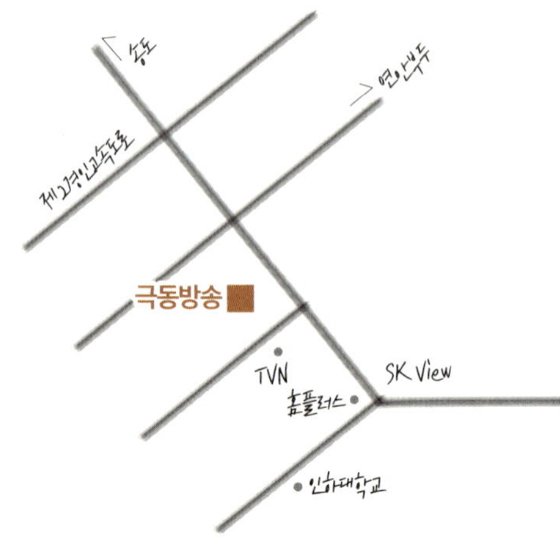

인천 남구 학익동 580의 1. OCI 인천공장의 본관 뒤, 하얀 수증기를 내뿜는 공장과 어울리지 않게 외국 드라마나 영화에서나 봤음직한 '작은 마을'이 있다. 빨간 벽돌과 초록 기와, 지붕 위로 솟아오른 굴뚝 그리고 봉긋하게 올라선 언덕으로 이어진 작은 길과 정원을 갖춘 이곳에 우리나라에서 최초로 해외 방송을 송출했던 극동방송(옛 한국복음주의방송국)의 사옥 한 채와 선교사들이 거주했던 사택 일곱 채가 있다.

극동방송의 옛 사옥과 사택을 인천 지역 사회에 알렸던 (사)인천사연구소의 김상태 소장, 허은심 전임연구원 등과 함께 이곳을 찾았다. OCI 인천공장의 본관 뒤, 회색 벽돌의 담 안쪽에 조성된 이 '마을'의 오솔길을 따라 걸으면 왼편에 사택 세 채와 오른편에 사택 네 채가 보인다. 이어 작은 정원을 끼고 형성된 원형 교차로 형태의 길을 따라 왼쪽으로 향하면 국내 첫 해외 송출 방송국인 극동방송 옛 사옥이 있다. 김 소장은 "2010년께 인천역에서 시작하는 철길을 따라 걷던 중 OCI의 전신인 동양화학공업까지 이어진 철길 끝에서 이 건물들을 발견했다. 『극동방송 50주년 화보사史』 등을 통해 이곳이 극동방송의 전신인 한국복음주의방송국 사옥이라는 것을 알게 됐다"고 말했다.

극동방송의 옛 사옥과 사택들은 극동방송의 전신인 한국복음주의방송국이 첫 방송을 송출한 1956년보다 1~2년 앞서 세워진 것으로 추정되고 있다. 한국에서 방송국 개소 준비를 하던 선교사 일행은 직접 벽돌과 시멘트 등을 이용해 사옥과 사택을 지었다. 미국의 벽돌 건물 양식을 적용해 빨간 벽돌로 외벽을 세웠으며, 초록색 기와지붕을 올렸다. 현재 건물은 1959년 동양화학공업이 인천 남구 학익동 일대를 매입하면서 임원진 숙소, 노동조합 사무실 등으로 활용하기 위해 일부 개보수를 했지만 외부는 건축 당시의 형태를 대부분 유지하고 있다.

극동방송 옛 사옥은 OCI 노동조합 사무실로 사용되고 있다. 바다 쪽으로 창을 낸 큰 방에 스튜디오가 설치돼 방송을 했다고 한다. 사옥의 실내엔 맞닿아 있는 방의 벽을 뚫어 하나로 합친 것으로 추정되는 흔적도 보였다.

건물 입구 뒤쪽으로 돌아가니 실내와 건물의 다른 외벽에서는 볼 수 없었던 나무 재질로 만들어진 출입문과 유리 창틀이 있었다. 함운식 OCI 노조위원장은 "노조사무실로 사용하면서 방을 일부 개조하고 일부 벽은 벽지 등으로 막으면서 처음 형태의 모습과는 좀 달라진 것으로 알고 있다"고 설명했다.

선교사들이 머물던 사택은 2층에 세모난 다락방을 갖춘 여섯 채와 지하 1

1 극동방송 옛 사옥의 현재 모습. 지금은 OCI의 노동조합사무실로 활용되고 있다.

2 극동방송 옛 사택의 실내 모습. 선교사들이 거주하던 이곳은 OCI 전신인 동양화학공업의 인천공장장을 비롯 임원진 가족들이 거주했다. 미닫이 형태의 붙박이 가구들이 배치돼 있는 모습.

3 밖에서 본 극동방송 옛 사택.

개 층을 포함한 건물 한 채 등 모두 일곱 채다. 허은심 연구원은 "인천 동구 여선교사합숙소가 기숙사 형태의 건물이었다면 이곳은 가족 단위의 건물이라는 점이 다르다"고 지적한다. 건물 내부는 미닫이 형태의 붙박이 가구들이 배치돼 있고 다락방과 2층 등으로 올라갈 수 있는 좁은 계단이 있다.

김정하 OCI 인천사업부 관리팀장은 "(극동방송이 서울로 사옥을 이전한 후) 사택 일곱 채에 공장장을 비롯 임원 8명의 가족이 각각 보증금 500여만 원과 관리비 일부를 내고 살았었다. 임원들의 부인들은 대문을 열면 마주쳐야 하는 공장 근로자들 때문에 밖으로 나오기가 쉽지 않았다고 전해 들었다"고 설명했다. 또 "몇 년 전까지만 해도 이곳에서 생활했던 선교사와 그들의 가족이 이곳을 찾아왔으나 지금은 발길이 드물다"고 덧붙였다.

조수진 씨의 논문 「극동방송의 대북방송 연사연구 - 1956년 개국부터 90년대 말까지」를 비롯한 관련 논문에는 극동방송의 옛 사옥과 사택들의 건립 과정, 초창기 극동방송의 방송 환경 등이 잘 나타나 있다. 극동방송의 옛 사옥과 사택들은 미국 복음주의동맹선교회TEAM(The Evangelical Alliance Mission) 소속의 선교사들이 지었다. 미국 플로리다주에서 상업방송을 하던 톰 왓슨Tom Watson 선교사는 1950년 밥 존스 대학Bob Jones University에 설교하러 왔다가 한인 유학생 강태국(한국성서대학교 설립자) 씨를 만났다. 왓슨은 강 씨에게서 "한국에 와서 직업방송 대신 복음방송을 시작해 달라"는 부탁을 받고 한국복음주의방송국의 개국 준비를 했다. 그는 1954년 7월 27일 당시 체신부로부터 무선국 설치 허가를 받아 김포공항과 부

극동방송 옛 사옥과 사택은 바닷가를 면하고 있는 인천 학익동에 위치해 있었다. [제공=극동방송]

톰 왓슨 등 선교사 일행이 극동방송 옛 사옥 앞에서 기념사진을 찍고 있다. [제공=극동방송]

천 사이 여월리에 전파 송신 설비를 설치하고 시험방송을 하지만 김포공항으로 이착륙하는 항공기에 전파장애를 일으킨다는 문제점이 지적돼 현재 위치로 이전하였다.

극동방송 창사 30주년을 기념해 지난 1986년 한국을 찾은 톰 왓슨은 극동방송의 한 방송프로그램 인터뷰에서 “방송사 위치는 내가 플로리다에 있을 때 엔지니어에게 배운 것인데, 염분이 있는 바다에 안테나가 있으면 강력한 전파를 송출할 수 있다”고 말하며 방송시 위치선정 배경을 설명하기도 했다. 인천 학익동은 당시 바다에 면해 있었다. 인천 지역 사회는 이들이 갯벌에 안테나를 세울 수 있도록 학익동 간석지 일부를 무료로 제공했다. 갯벌에는 133m 높이의 안테나가 세워졌다.

1956년 12월 23일 오후 5시 선교사들은 자신들이 손수 세운 한국복음주의방송국 사옥에서 호출부호 HLKX, 주파수 1천230㎑의 첫 방송을 시작했다. 대한민국 최초의 해외 송출 방송이 인천에서 시작된 것이다.

미국의 선교단체가 주도한 방송인 만큼 북한·중국·러시아 등 한반도 인근의 공산권 국가들에 선교와 함께 자유주의 사상을 전파하기 위해 한국어와 영어, 중국어, 러시아어, 우크라이나어 등으로 방송을 송출했다. 1962년 7월에는 인천 북성동 3 8에 연주소演奏所(방송 등을 제작하는 곳)를 신설했다. 학익동 사옥은 송신소送信所(방송 등을 내보내는 곳)로 활용했다. 극동방송은 1964년 9월 인천에서 개최된 제45회 전국체육대회의 생중계, 1966년 6월 제2회 인천시민의 날 특집방송, 인천항 제2선거 기공식 준공 방송 등을 내보냈다. 그러나 1967년 12월 23일 극동방송은 인천을 떠나 서울 마포구에 새로운 터를 잡게 된다. 1980년대 말 인천 학익동 바닷가에 서 있던 안테나도 사라졌다.

인천에서 활동 중인 김정숙 건축사는 “OCI 인천공장 내에 있는 극동방송의 옛 사옥과 사택 등은 인천이 근대화를 거치면서 남겨진 산업유산이자 근대 건축물이다. 지역의 역사성 등을 반영한 산업유산으로 활용해 공공문화시설로 재활용하는 방안을 시와 업체 등이 찾아야 한다”고 제언했다.

문학동 376-4 한옥

건축 연도 1910~1930년대 추정 '도시형 한옥'

삶을 쫓아 변화해 온 '옛 집' 사람과 세월을 품다

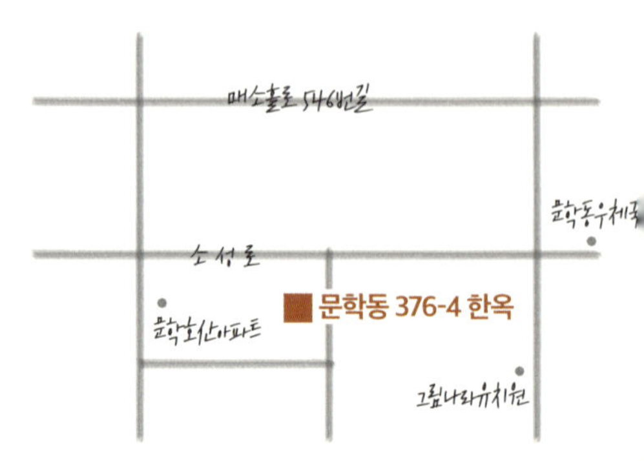

시간이 흐르면 건축은 변한다. 삶의 양식 변화에 따라 건축도 변하고 집의 모양도 달라진다. 집에 사는 사람들도 자신의 생활환경에 맞게 혹은 목적에 따라 집의 구조를 고치고 자재를 덧대고 심지어 없애버리기도 한다. 옛집은 사람과 건축물의 변화를 묵묵히 담으며 하나의 역사가 된다. 인천시 남구 소성로 326번길 4(문학동 376의 4)에 있는 한옥은 사용 목적에 따라 건물이 바뀌어 간 모습을 볼 수 있는 고택이다.

건축물대장에는 이 건축물의 사용 승인 연도를 1943년으로 기록하고 있지만 이전 거주자들의 증언 등을 토대로 실제 건축 연도는 1910~1930년대로 보는 사람도 있다. 이 건축물은 현재 인천의 '옛 집'의 명성보다 손두부가 일품인 '맛집'으로 널리 알려져 있다.

인하대박물관이 2002년 발간한 『문학산의 역사와 문화유적』 보고서에는 이 집이 주거용으로 사용됐을 때의 모습이 비교적 상세하게 기술돼 있다.

'김 씨네 집은…북향집으로 ㄱ자형 안채와 ㄴ자형 사랑채로…'라고 기술된 부분을 보면 2002년까지만 해도 현재 화장실 위치에 있었던 문을 통해 집을 출입했던 것으로 추정할 수 있다. 아울러 안채와 사랑채를 각각 주인과 머슴들이 사용한 것으로 나오는데, 주인의 위엄을 높이기 위해 안채가 있는 건물의 높이를 사랑채 건물보다 한 계단 높게 지었다고 한다. 보고서를 작성했던 정연학 국립민속박물관 연구관은 "이 집이 지어졌을 당시엔 한옥보다는 초가집이 주변에 많았고 마루나 서까래 등에 사용한 나무가 일반 소나무보다 질이 좋은 홍송紅松이었다. 이를 보면 꽤 재력을 갖춘 사람이 지었을 것"이라고 말했다.

이 집은 인천도호부仁川都護府가 있는 곳에서 직선 거리로 200~ 300m 떨어져 있다. 자연스레 주민들의 거주 공간이 됐고 인천의 역사와 문화 중심지로 발전했다. 그러나 개항기를 전후해 인천의 행정과 주거의 중심이 지금의 중구청 인근으로 옮겨가며 이 지역은 서서히 쇠락한다. 이런 환경에서 이 집은 개항기 이후에 인천에서 현대화되어 가는 한옥 건축 양식을 엿볼 수 있는 건물 중 하나라고 평가받고 있다.

도로를 향해 난 미닫이 문 2개를 열고 들어서면 가운데 네모난 형태로 조성된 작은 정원이 가장 먼저 눈에 들어온다. 좌우로는 각각 니은(ㄴ), 기역(ㄱ) 형태의 건물이 정원을 둘러싸고 있는 듯한 모양을 하고 있다. 위성사진을 통해 이 집을 내려다보면 건물의 구조가 미음(ㅁ) 형태를 하고 있다.

과거 주거용으로 사용됐던 이 집의 내부 구조는 김상태 씨가 식당 영업을 하면서 그에 맞춰 변경했다. 김씨는 "2004년 가게를 열기 전 방 구조를 비롯해 출입문의 위치 등을 식당 운영에 편리한 방식으로 바꿨다"고 설명했다. 그의 설명에 따르면 이 집의 출입문은 지금의 위치가 아닌 곳에 두 군데가 더 있었다. 김씨는 "지금은 주방으로 쓰고 있는 곳과 화장실이 있는 곳 등 두 곳에 출입문이 있었다. 주 출입문의 역할을 했던 대문의 위

인천시 남구 소성로 326번길 4(문학동 376-4) 한옥의 옛 대문. 현재는 음식점으로 개조하면서 대문의 위치는 바뀌었다. [출처=인하대박물관 조사보고 제30책 『문학산의 역사와 문화유적』]

인천시 남구 소성로 326번길 4(문학동 376-4) 한옥의 도면. 주거용을 사용할 때 방의 위치 등을 확인할 수 있다. 문간방 사이에 있는 문이 대문이다. [출처=인하대박물관 조사보고 제30책『문학산의 역사와 문화유적』]

2 3

치는 현재 화장실 위치에 있는데 화장실을 만들면서 없애버렸다"고 말했다. 이어 "지금의 문은 식당을 하기 위한 리모델링 과정에서 두 건물 사이에 새로 만든 것"이라고 덧붙였다. 건물의 출입문 형태는 주방 입구에 보이는 냉장고 뒤편에 남아 있는 출입문을 통해 확인할 수 있었다.

가게 출입문을 통해 들어와서 좌측을 보면 니은(ㄴ) 형태의 건물에 안방과 건넌방, 마루 등이 있다. 안방에는 부엌과 또 다른 마루가 붙어 있었다고 하지만 지금은 벽을 트면서 하나의 방이 됐다. 안방과 건넌방 사이에 있는 마루도 음식점을 열면서 공간을 넓게 사용하기 위해 건물 바깥쪽으로 2m 가량 확장했다. 또 음식점 출입문으로 들어와 우측에 있는 기역(ㄱ) 형태의 건물은 음식점 주방과 꺾인 형태의 방으로 돼 있다.

음식점 이전에는 지금의 주방이 물건을 보관하는 광으로 사용됐으며 출입문을 두고 사랑채와 마루, 문간방 등이 있었다고 한다. 손장원 인천재능대 교수는 이런 형태의 집들을 '튼 입구(ㅁ)' 형태의 도시형 한옥이라고 설명했다. 손 교수는 "한옥의 형태가 개항기를 거치면서 전통 한옥의 형태인 디귿(ㄷ) 형태를 벗어나 이 집처럼 튼 입구 형태의 도시형 한옥으로 변모해 간다. 문화재적 가치를 따지기보다는 과거 한옥의 건축 형태를 보여주는 한 사례이다"라고 말했다. 이어 "건물 한가운데 있는 미음(ㅁ) 형태의 정원은 일본식 정원을 도입한 것으로 보이며, 나무나 꽃들을 심어 원래 있었던 대문(현재 화장실) 밖에서 안주인이 생활하는 안채를 볼 수 없도록 가리는 효과도 있었을 것"이라고 덧붙였다.

이 집은 수 년 전 인천시를 통해 문화재 등록을 추진했으나, 원형의 모습을 거의 보존하지 못하고 있는 등의 이유로 문화재 등록은 되지 못했다. 그러나 과거 형태의 고유한 모습을 유지하고 있는 것은 아니더라도 인간의 능동적 사용과 함께 변화해가는 것을 보여주는 것도 중요한 의미 를 지닌다. 배성수 인천시립박물관 전시교육부장은 "'집'이라는 측면에서 봤을 때 사람이 살면서 쓰임에 맞게 건축물을 변형해 가는 것이 오히려 더 의미가 있을 것"이라고 말했다.

1 한옥의 미음(ㅁ) 형태의 정원.

2 안채와 마루의 모습.

3 한옥의 안채에 있는 마루의 모습. 마루를 거실로 사용한 듯 소파와 시계의 모습이 보인다. [출처=인하대박물관 조사보고 제30책 『문학산의 역사와 문화유적』]

미쓰비시 줄 사택

10개 가구가 이어진 연립 건물… 현재 87채 남아

어려운 시절, 서로 부대끼며 희망을 품었던 공간

인천시 부평구에 삼릉三菱이라는 지명이 있다. 인천 도시철도 1호선 동수역 3번 출구에서 부평2동 주민센터 방향으로 5분 가량 걷다 보면 나오는 동네이다. 삼릉이란 일제강점기 일제가 전쟁 수행을 위해 군수 물자를 제작했던 전범 기업 미쓰비시의 한자어로, 현재도 이 일대에선 이 지명을 이용한 상가들을 쉽게 찾을 수 있다. 삼릉은 미쓰비시 기업의 로고인 '세 개의 마름모'를 의미한다.

2m 정도 높지 않은 지붕들이 줄 지어선 이곳 건물들은 태풍이라도 불면 쓰러져버릴 것 같았다. 건물은 가로 10m, 세로 30m 가량 되는 넓이의 직사각형 형태로 이어져 10가구가 한 건물에 촘촘히 들어가 있는 모습이다. 한 가구 당 30㎡도 채 안 되는 공간인 것이다. 주택 곳곳엔 무너진 지붕과 구멍 뚫린 외벽만 남아 을씨년스럽다.

미쓰비시 줄 사택은 하나의 건물에 10개의 가구가 이어진 연립 건물 형태를 하고 있기 때문에 '줄 사택社宅'이라는 명칭이 붙었다. 10개 가구가 살 수 있는 연립 건물이 10개 가량 있었던 것으로 추정되고 있으며 정확한 기록은 남아 있지 않다. 현재 남아 있는 사택은 87채가 전부다. 이 건물 내부에는 화장실이 없었고 건물의 한쪽 끝 칸에 공중화장실을 설치해 주민들이 함께 이용했다. 또 공용우물이 있어 지하수를 퍼 올릴 수도 있었다고 한다.

이 집에서 살았던 사람들은 건물 내부를 비교적 상세히 기억하고 있었는데, 집에 들어가면 아궁이가 있는 부엌과 방 하나, 다다미로 된 작은 방 하나 등이 이어져 있었다고 했다. 1955년 미쓰비시 줄 사택에서 태어난 김재선 씨는 "나무 골격으로 돼 있는 건물이 줄지어 쭉 이어져 있었는데, 집 구조는 부엌과 방 두 개가 연달아 이어져 있었다. 집 안에 7~8명이 모여서 살았는데 좁다는 느낌은 별로 없었다"고 말했다. 김 씨는 "당시 어른들은 대부분 미군 부대에서 일을 하는 사람들이었다. 집들이 붙어 있고 천장은 쭉 이어져 있다 보니 옆 집 싸우는 소리와 코 고는 소리 등이 그대로 다 들렸다"고 회고했다.

또 1965년 생으로 5살 때 이 줄 사택으로 이사를 온 이모 씨는 "가장 끝에 있는 공중화장실을 쓰려면 아침마다 전쟁을 치렀던 기억이 있다. 또 한 달에 한 번 화장실 오수를 푸는 날은 온 동네에 냄새가 돌았었다. 집이 길가보다 조금 낮게 돼 있어서 비가 오면 물이 집 안으로 들어오는 일도 빈번했다"고 설명했다.

이 줄 사택은 당초 미쓰비시가 세운 것은 아니다. 미쓰비시 이전에 1912년 부산에서 세워진 히로나카상회弘中商會가 1924년 경성으로 이전하면서 기계판매와 수리를 겸하는 공장을 세웠고, 이후 히로나카상공弘中商工을 세워 제2공장인 부평공장을 건설하면서 공장에 근무하는 직원들이 살 수 있는 사택을 지은 것으로 알려져 있다.

히로나카상공의 종업원은 1939년 말 사원 38명, 공원 1천180명 등 모두 1천495명에 달했다. 공원 가운데 부평공장에만 1천88명이 있었다고 한다. 특히 부평공장에는 기술자양성소와 숙련공 양성을 위한 공원양성소도 설치돼 있었다. 그러나 잇따른 공장확장과 수익률 저하 등에 따른 경영문제로 1942년 부평공장을 당시 600만 원에 미쓰비시중공업에 양도한다. 미쓰비시는 히로나카상공의 부평공장을 인수해 1천여 명에 달하

2

1 미쓰비시 줄 사택의 옛 모습. 앞 쪽에는 장독대 등을 놓을 수 있는 공간이 있었다. [제공=김재선 씨]

2 미쓰비시 줄 사택에서 살던 사람들은 히로나카상공과 미쓰비시중공업 등에서 근무했던 조선인들이었다. 이후 미군 부대에서 관련된 일을 하는 사람들과 서민들이 모여 살던 공간으로 변모해갔다.

줄 사택은 현재 대부분의 사람들이 거주를 하지 않게 되면서 지붕과 건물 외벽들이 무너져 방치돼 있는 곳이 많다.

는 근로자가 일하는 미쓰비시제강 상인천제작소를 운영하였다. 이 때 히로나카상공이 세웠던 사택도 같이 넘겨받았다.

이 사택들은 두 곳으로 구분돼 있는데 경인선 남쪽으로 구舊사택과 신新사택 등으로 불린다. 구사택은 히로나카상공이, 신사택은 미쓰비시제강이 지었다고 하는 설명도 있지만 정확한 사실관계를 확인할 수 있는 기록은 남아 있지 않다. 그 외에 신사택이 있던 곳에는 일부 단독사택과 양성소도 있었던 것으로 추정되나 지금은 철거됐다. 군수기업이었던 미쓰비시 공장에서 일했던 조선인들은 1천여 명에 달했으나 이들은 임금도 제대로 받지 못했던 것으로 조사되고 있다.

미쓰비시 줄 사택은 일제강점기가 끝난 뒤 미군이 부평을 차지하면서 미군 부대의 일을 하며 사는 한국인들과 무명 밴드들이 모여드는 장소가 되기도 했다. 이들은 플로어 밴드Floor Bands, 하우스 밴드House Bands, 오픈 밴드Open Bands 등으로 불리며 미군 영내 클럽과 부대 주변 클럽들을 오가며 음악 활동을 했다고 한다.

김정아 부평역사박물관 학예연구사는 "미쓰비시 줄 사택은 일제 강점기 시절 일본 군수 기업이 공장을 운영하기 위해 인력이 필요했고, 그 인력이 머물 수 있는 거주공간을 마련한 사례였다. 공용화장실 등을 볼 때 고급 주거 환경은 아니었으나 돈 없고 힘 없는 시절 한국인들이 모여 살 수 있는 공간이 조성됐다는 점에서 역사적으로 의미가 있다고 본다"고 설명했다.

'별장에서 교회까지' **알렌 별장 터**

달동네 꼭대기 폐허 속 이야기

경인전철 도원역 인근 허름한 주택이 몰려있는 언덕 위에는 낡은 교회 건축물이 50여년 전부터 자리 잡고 있다. 달동네 꼭대기에 있어 인천의 중·동·남구 지역 구도심의 어지간한 곳에서는 다 보이는 이 건물은 인천 사람들의 기억에 '전도관'이나 '예루살렘교회'란 이름으로 남아있다. 100여년 전 이 건물터엔 서양식 주택인 '알렌 별장'이 자리를 잡고 있었다.

요즘 교회 건물 주변은 담장으로 둘러싸여 있으며, 건물 뒤편에 유일한 통로인 녹슨 철문의 출입구가 있다. 1층 공간은 헌 옷을 재활용해 판매하는 회사가 사용하고 있다. 업체 대표는 "임대료가 저렴한 곳을 찾다 보니 여기까지 오게 됐다. 나 말고도 주방가구 제조업체 한 곳이 이곳을 사업장으로 쓰고 있다"고 했다.

과거 이곳에는 교회 건물 대신 20세기 초 조선에서 활동한 미국인 호러스 알렌Horace Allen(1858~1932) 소유의 그림 같은 서양식 별장이 자리를 잡고 있었다. 남구가 발행한 역사문화총서 도시마을생활사 숭의동·도화동편에 이 장소에 대한 이야기가 『숭의동 107번지의 세 얼굴』이라는 제목으로 정리돼 있다.

알렌은 주한미국공사관의 공의公醫로서 한국 최초의 서양식 병원인 제중원濟衆院을 설립하고 고종의 신임을 받아 전담 의사이자 정치 고문으로도 활동한 인물이다. 1890년부터는 본격적으로 외교관 활동을 시작해 주한미국공사관의 서기관, 총영사, 공사 등을 역임하고 을사늑약 체결을 앞두고 본국으로 돌아가기 전까지 조선과 미국을 연결하는 역할을 담당했다고 한다. 별장이 지어진 시기는 정확하지 않은 가운데, 착공시기는 그가 공사로 취임한 1897년 7월 이후로 보는 것이 무방하다는 게 전문가들의 견해다.

알렌이 별장을 떠난 뒤 여러 사람이 거쳐 갔다. 향토사학자 고 최성연

미국 공사 알렌(1858~1932)의 별장이 있던 숭의동 107번지 일대의 풍경. 사라진 별장 대신 옛 인천전도관과 예루살렘교회의 성전으로 사용됐던 교회 건물만이 오랫동안 버려진 채 흉물스럽게 남아있다.

지금은 소실된 알렌 별장의 옛 모습.
[제공=인천시립박물관]

선생은 자신의 저서 『개항과 양관역정』(경기문화사, 1959)에서 이곳을 '공사 집', '선교사 집', '의사 집', '이명구 별장', '서병의 별장' 등으로 불렀다고 언급했다. 이곳에서 살았던 이들의 면면도 흥미로운데, 그들 중 이명구(1892~1975)는 매국노 이완용의 조카다. 그는 대원군 집권기에 활약한 관료 이호준(1821~1901)의 서자인 이윤용(1858~1926)의 외아들이다. 이명구 다음으로 이 건물을 차지한 사람은 서병의(1893~1945)로 알려졌다. 그는 인천의 거상인 서상집의 장남이자 초창기 축구 심판이었다고 한다.

알렌 별장은 교사校舍로도 사용됐다. 1930년대 말 별장은 학교로 모습을 바꾼다. 이순희(1905~?)는 영화여고와 이화학당을 졸업하고, 3남매를 낳은 후 이혼하고 1936년 불우한 소녀 3명을 데리고 별장에서 계명학원啓明學院을 연다. 1938년 남동생과 함께 별장과 대지를 매입해 학교를 확장하면서 계명학원은 4년제 소학교가 됐고 학생 수가 700명에 이르렀던 것으로 전해진다.

1956년에는 교회로 모습을 바꾼다. 박태선이 창시자인 신흥종교단체가 이 건물을 매입한다. 현재도 남아있는 '전도관'이란 호칭은 이때 만들어진 것이다. 인천전도관은 당시 250만원에 기존 건물을 매입해 헐고 새 건물을 올렸다. 그해 12월 991.7㎡ 규모로 예배당을 완공했고, 이듬해 2층을 올렸다고 한다. 교회는 숱한 어려움을 겪으면서 1978년까지 20여 년간 자리를 지켰다. 부천에 '신앙촌'이라는 집단 거주지도 만드는 등 교세가 상당했으나, 사법 당국의 수사를 받으며 기울기 시작한다.

이후 또 다른 종교단체가 이곳을 차지한다. 오늘날 예수중심교회로 불리는 한국예루살렘교회다. 이 교회는 이초석 목사에 의해 세워졌다고 한다. 그는 귀신 축출, 기복주의를 강조하며 정통 기독교와 입장을 달리하는 부분이 많아 교단에서 제명된 것으로 전해진다.

현재 이 부지는 개인 9명이 공동 소유한 사유지인 탓에 지자체가 개입할 여지가 많지 않다. 하지만 인천근대사의 단면을 흥미롭게 보여주는 이야기의 보고인 만큼 민관이 함께 미래를 고민할 필요가 있다.

4 현대교육과 문화

제물포 구락부

개항기 외국인들의 사교장으로 1901년 세워져

외국인의 쉼터
백년 관통한 '근대문화 교류의 장'

1883년 제물포란 이름으로 개항한 국제도시 인천은 전통도시의 쇠락과 정반대로 일본의 배려 아래 잘 나가는 신흥도시로 번영을 누렸다. (…중략…) 근대적인 시가지와 대형갑문 등의 축항시설, 측후소, 공원 등이 들어선 인천은 20세기 초부터 '근대화의 별천지'로 자리 잡았다.

– 노형석, 『모던의 유혹 모던의 눈물』(생각의나무, 2004) 중에서

개항 이후 인천은 '양관洋館의 도시'였다.
인천 최초의 양관은 자유공원 야생 조류장 터에 자리잡았던 세창양행 숙사宿舍 건물로, 1883년 세창양행을 설립하기 위해 독일 함부르크에서 온 세 명의 독일 상사원 숙소로 지어졌다. 이 건물은 1950년 인천상륙작전 당시 포화로 소실됐다.

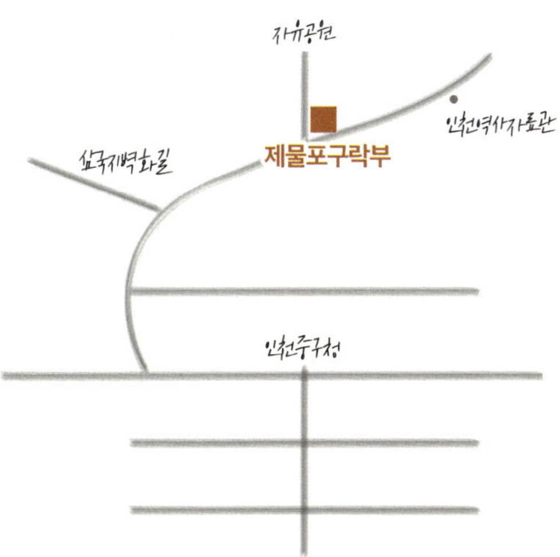

우리나라 호텔의 효시로, 인천에서 문을 연 대불호텔이 지어진 연대는 확실치 않다. 아펜젤러 목사가 묵은 날짜가 1885년 4월이었음을 볼 때 그 이전으로 추측된다. 대불호텔은 1899년 경인선 개통 이후 불황을 겪으면서 중국인에게 팔렸다. 새 주인은 건물을 개조해 청淸요리집 중화루로 용도 변경했다. 이 건물은 1978년 6월 철거됐다. 대불호텔 건너편에서 상점을 하던 중국인 이태怡泰라는 사람도 스튜어드호텔을 지어 외국인을 상대로 운영했다. 이 건물도 한국전쟁 때 함포 사격으로 파괴됐다.

이밖에 주한 미국 전권공사였던 호러스 알렌의 별장, 영국인 제임스 존스톤의 별장, 제물포구락부 등은 당시 인천은 물론 국내 랜드마크로 꼽히던 양관들이었다.

이 중 제물포구락부만이 현존해 있다. 제물포구락부는 개항기 인천에 거주하던 미국·영국·독일·프랑스·러시아 및 기타 외국인과 소수의 중국·일본인들의 친목을 돕는 사교장으로 사용하기 위해 1901년에 건립됐다.

이바노비치 세레딘 사바틴Ivanovich Seredin Sabatin(러시아)이 설계한 이 건물은 벽돌조 2층 건물(지상 1층, 반 지하 1층)로 연면적은 386.8㎡이다. 지붕 형태는 일본식 합각合閣지붕과 맨사드Mansard지붕으로 처리했으며 마감 재료는 양철이다.

손장원의 『다시 쓰는 인천 근대 건축』에서는 제물포구락부 건물의 공간 분할 방식과 대칭성의 변주에 주목하고 있다. 제물포구락부의 정면은 가로와 세로방향으로 3개의 영역으로 분할됐고 세로방향으로는 가운데 부분을 약간 돌출시키고 그 위에 맨사드지붕으로 처리해 변화감을 연출했다. 정면의 중앙부와 오른쪽 부분에 설치한 창문 상부는 페디먼트Pediment 장식을 두었지만 좌측 창문 상부는 평아치로 처리하였다. 저자는 이 점을 지적하면서 이는 전체적인 대칭성에서 변화를 주기 위해 설계자가 의도했을 것으로 봤다. 이 같은 요소들은 일반 대중에게 여타 건물들과 차별된 느낌을 줬을 것이다. 건물 내부에는 사교실·도서실·당구대 등이 있었고 외부에는 테니스 코트가 있었다.

'근대화의 별천지'인 제물포에서 엄청난 부를 축적한 외국인 무역상들과 조선의 내정을 간섭하던 정치인들에게도 책을 읽고 당구·테니스를 치고 나아가 술과 함께 편하게 쉴 수 있는 공간이 필요했을 것이다. 방한 이유가 무엇이든 타향살이에 지친 외국인들에게 제물포구락부는 휴식과 위로를 제공했을 것이다.

1 한국전쟁 직후의 제물포구락부 모습. 현재 건물 왼편의 주출입구는 없으며 건물 전면의 주출입구를 볼 수 있다.

2 인천시립박물관으로 사용된 1970년 즈음의 제물포구락부.

3 일제 강점기 외국인이 만국공원(현 자유공원)에서 찍은 사진으로, 제물포구락부의 지붕이 잘 드러난다. 지붕 색깔이 다르며 난로 연통도 보인다.

[제공=조우성 인천시립박물관장]

1914년 외국인 거주지역인 각국各國 조계租界(외국인이 자유로이 거주하며 치외법권을 누릴 수 있는 구역)가 철폐되자 제물포구락부는 시대 조류에 따라 여러 차례 사용자와 용도가 변경됐다. 외국인들의 사교 공간이었던 제물포구락부는 일본 재향군인회관, 부인회관 등으로 사용됐다.

이 시기에 건물의 명칭이 현재의 것으로 굳어졌다. '제물포클럽'이 본 명칭이었으나 일본인들이 자국식 가차음인 '구락부'로 칭한 것이 그대로 굳어져 오늘까지 이어진 것이다. 광복 후에는 미군이 사용했다. 1953년부터 1990년까지는 인천시립박물관으로 이용됐고, 1990년부터 2006년까지 인천문화원으로, 2007년 제물포구락부로 재탄생했다.

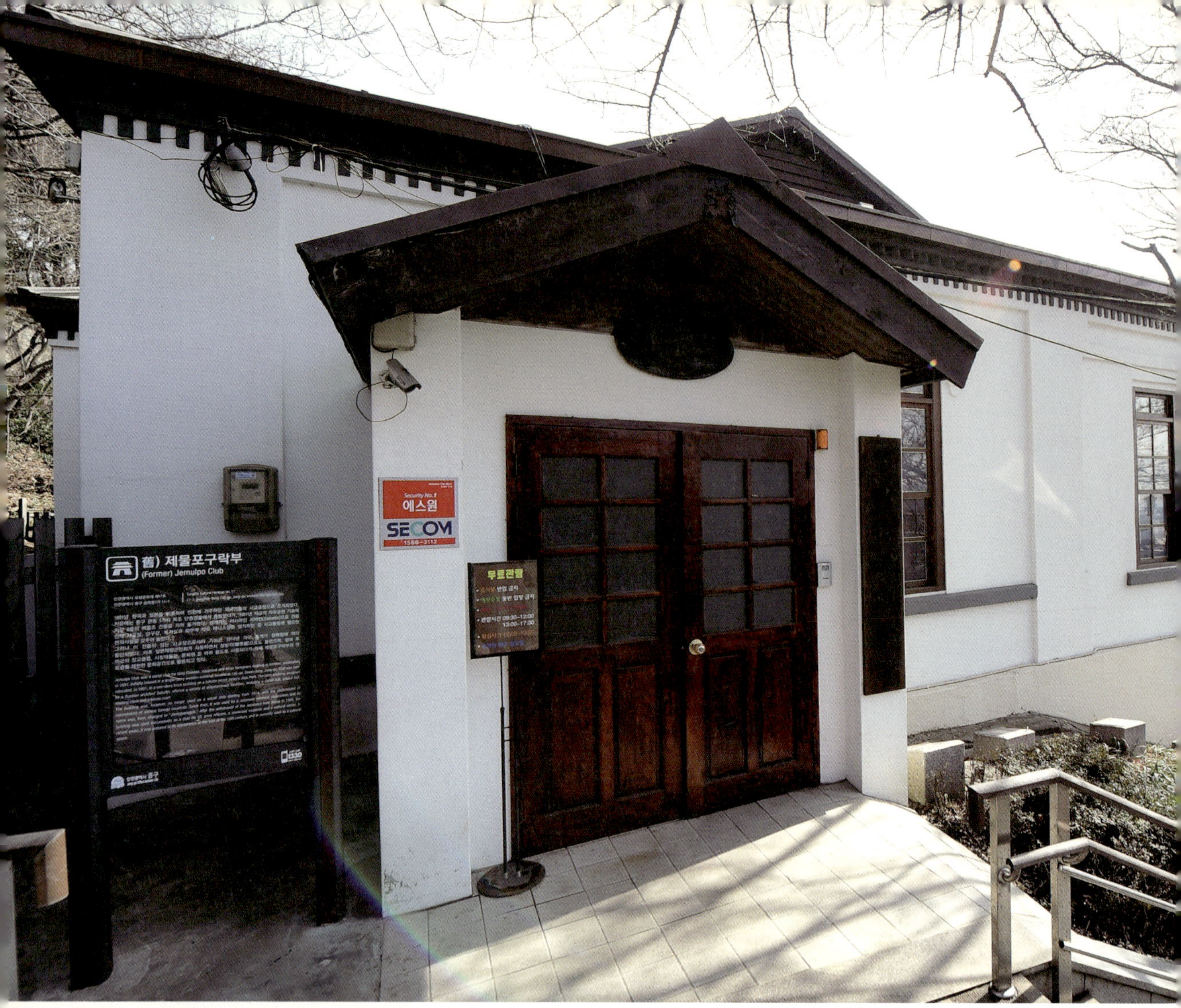

舊) 제물포구락부
(Former) Jemulpo Club
에스원
SECOM

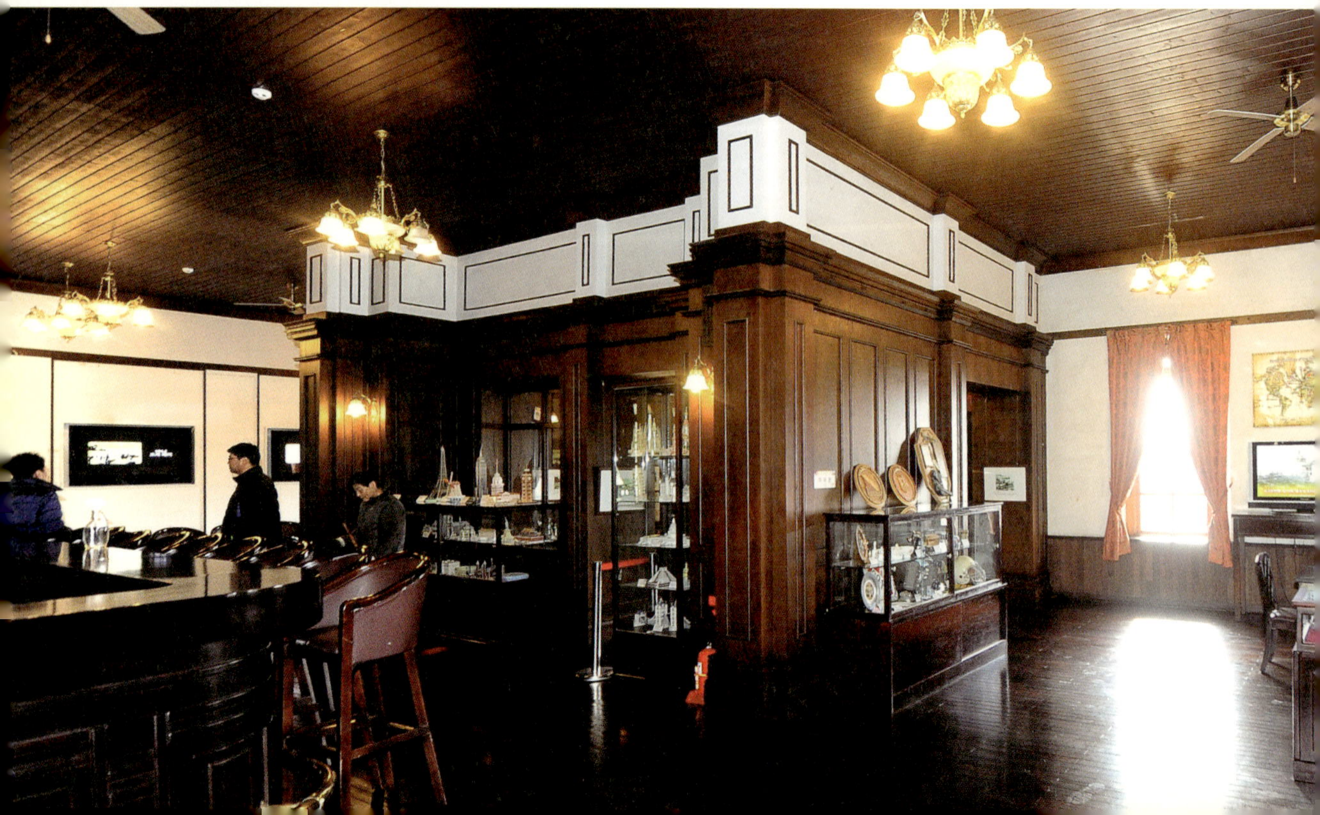

용도가 바뀌면서 내부 시설도 수차례 변경됐다. 내부 형태를 추정할 만한 자료가 없어서 정확한 모습은 알 수 없지만 외관은 사진들이 남아 있어서 이를 근거로 추정해 볼 수 있다. 현재 건물 왼편의 주출입구는 새롭게 만들어진 것이다. 1950년대 촬영된 사진을 보면 주출입구는 건물 정면에, 부출입구는 건물 오른편에 있다. 건물 정면의 주출입구 계단은 도로가 개설되면서 철거된 것으로 보인다.

조우성 인천시립박물관장은 "기록을 통해 밝혀진 건물의 시설과 구조를 봤을 때, 제물포구락부는 외국인들의 문화·경제적 거점이었으며 서구 근대 문물을 받아들이며 전진기지 역할을 톡톡히 했다"고 평가했다. 이어서 "내부를 모르는 상태에서 복원된 현재의 모습은 아쉽다. 비슷한 시기에 지어진 중국의 상하이구락부를 참조했다고 하는데 없으면 없는 대로 비워두는 게 문화재 복원의 기본일 것"이라고 덧붙였다.

1993년 7월 인천광역시 유형문화재 제17호로 지정된 제물포구락부는 현재 영상스토리텔링 박물관으로 운영되고 있다. 설립 당시 '문화 교류의 장' 역할을 했던 이 건물은 100여 년이라는 시간이 지난 현재도 그 역할을 담당하고 있다. 인천광역시문화원연합회가 운영하고 있는 제물포구락부에선 인천국제문화교류페스티벌이 2012년부터 해마다 열리고 있다. 지난해 행사의 경우 일본, 터키, 중국, 이란, 인도, 독일, 멕시코 등 7개국이 참여해 각국의 문화를 소개하고 교류했다.

천광식 제물포구락부 관상은 "제물포구락부는 각종 유물을 소장하고 소개하는 유물 전시관이 아닌 100여 년 전 외국인들의 교류장으로서 일상과 다른 옛 흔적과 느낌을 받아가는 곳이다. 이 공간에서의 역사성을 살려 대한민국 인천과 해외 국가 간의 우호증진, 전통문화와 현대·미래가 조화를 이루는 교류의 장으로 운영되고 있다"고 소개했다.

1 1950년대 촬영된 사진을 보면 주출입구는 건물 정면에, 부출입구는 건물 오른편에 있다. 건물 정면의 주출입구와 계단은 도로가 개설되면서 철거된 것으로 보이며, 자유공원과 연결된 계단이 있는 건물 왼편의 주출입구가 정문 역할을 하고 있다.

2 제물포구락부는 용도가 바뀌면서 내부시설도 수차례 변경됐다. 내부 형태를 추정할 만한 자료가 없어서 정확한 옛 모습은 알 수 없다. 현재 이 공간에선 역사성을 살려 대한민국 인천과 해외 국가 간의 우호증진, 전통문화와 현대 미래가 조화를 이루는 교류의 장이 수시로 열리고 있다.

제물포고등학교 '성덕당'

1935년 인천부립중학교 개교 때 세워진 건물

철거 이겨낸 인천교육의 자부심
독재정권 시절 '민주주의 광장'

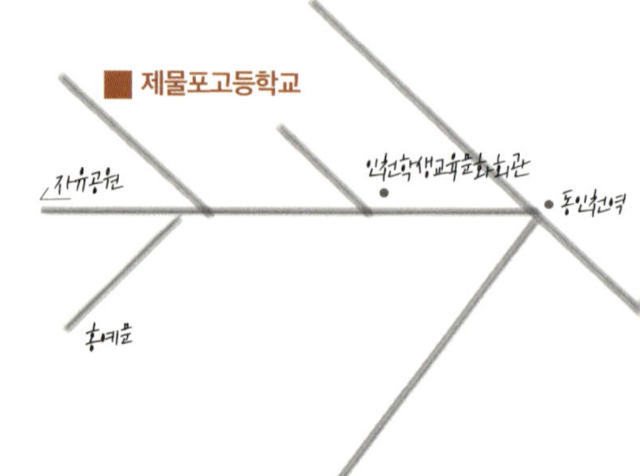

오래된 학교 건물은 보전이 어렵다. 예전에 지어진 학교 대부분은 지금의 도심 한가운데 자리 잡고 있는 경우가 많아 부동산 개발 대상지에 포함돼 다른 곳으로 이전하는 일이 많기 때문이다. 또한 학교 안에 위치한 노후한 건물은 붕괴 위험성이 제기돼 학생들의 안전을 위해서도 철거의 대상이 된다.

1935년에 건립된 제물포고등학교의 강당 '성덕당(등록문화재 제427호)'도 이 같은 이유로 3차례 철거 위기를 맞았다. 1991년과 1997년에는 건물이 낡고 좁아 전체 학생을 수용할 수 없다는 이유로 성덕당을 없애고 새로 만들자는 의견이 나왔지만 동창회의 반대로 무산됐다.

이후 2008년에는 인천시교육청 안전점검 결과, 시설물의 안전도가 C등급(중점관리대상)인 것으로 확인돼 철거해야 한다는 주장이 힘을 얻었다. 성덕당이 일본인들을 위해 일제가 만든 인천중학교 부속건물이라는 것도 철거 입장을 내세운 사람들의 주된 이유 중 하나였다.

그러나 제물포고 동문들과 지역문화재 위원들을 중심으로 '제고 강당 보존 추진 준비위원회'를 구성했고, 이들은 문화재 등록을 추진해 근대건축물로서의 가치를 인정받았다. 당시 추진위원회 총무를 맡았던 김윤식(10회 졸업생, 전 인천문화재단 대표이사) 시인은 "개발을 주장하는 사람들은 낡은 일제 시대 건물이라고 말하고 있지만 우리가 반드시 품고 가야 할 역사라는 생각에 보전을 추진했다. 강당까지 사라지면 제물포고의 정체성이 무너질 것 같았다"고 설명했다.

1 1935년 설립된 인천제물포고등학교 강당인 성덕당. 콘크리트에 화강석 지대석을 놓고 그 위에 벽돌을 쌓아 만든 적벽돌쌓기 구조로 지어졌고 지붕은 쌍대공 트러스트(지붕틀에 기둥을 세우는 것) 구조로 돼 있다.

2 성덕당 실내 모습. 강단 양 옆에는 '학식(學識)은 사회(社會)의 등불, 양심(良心)은 민족(民族)의 소금'이라는 교훈이 적혀 있다.

제물포고는 1935년 설립된 5년제 일본인 학교인 인천부립중학교를 광복 후 인수한 것으로 처음에는 인천중학교로 개교했다. 이후 학생수 증가와 맞물려 1954년 제물포고는 인천중학교의 부설고등학교가 됐다. 성덕당은 인천부립중학교가 개교할 당시 만들어진 건물이다.

건축물 대장에는 '철근 콘크리트 구조'로 만들어졌다고 기재돼 있지만 성덕당은 콘크리트에 화강석 지대석을 놓고 그 위에 벽돌을 쌓아 만든 '적벽돌쌓기 구조'로 지어졌다. 최근 조사에 따르면 망사르드(지붕 속에 공간을 만들어 다락 등으로 사용하는 건축 방식) 구조로 건축된 것으로 알려진 쌍대공 트러스트(지붕틀에 기둥을 세우는 것) 구조로 되어있다.

건축가 김호성 씨는 '2011년 대한건축학회 학술발표대회 논문집'에서 발표한 「제물포고등학교 강당의 건축 특성」 논문을 통해 "적벽돌쌓기 구조의 건물들은 정면 중앙에 포치형의 주출입구를 두고, 출입구와 출입구

학생 대표로서 3·1 운동에 앞장섰던 길영희 인천 제물포고 초대 교장.

상부를 붙임기둥·화강석 돌림띠·페디먼트(장식 벽돌)·벽면구획 등으로 장식해 권위적인 외관을 연출한 것이 특징"이라고 설명하고 있다.

전문가들은 당시 조선에 거주하는 일본인들을 위해 만들어진 건물이었기 때문에 우월성을 강조하기 위해 이러한 형태로 지어졌을 것으로 분석하고 있다.

성덕당 내부에 들어서자 신입생 오리엔테이션에 사용됐던 의자가 눈에 띄었다. 학교 관계자는 "면적이 좁아 전체 학생이 참여하는 행사는 진행하기 어렵지만 신입생 오리엔테이션이나 학년별 간담회 장소로는 사용하고 있다"고 설명했다.

강단 양 옆에는 '학식學識은 사회社會의 등불', '양심良心은 민족民族의 소금'이라고 쓰인 현수막이 걸려 있다. 지난 60년 동안 무감독 시험 전통을 이어간 제물포고 학생들의 자부심을 드러내는 문구다.

김윤식 시인은 "내가 학교에 다니던 60년대에는 '유한흥국流汗興國(흐르는 땀이 나라를 부흥하게 한다)', '위선최락爲善最樂(선을 행하는 것이 최고의 즐거움이다)'이라는 사자성어가 강단 양 옆에 붙어 있었는데 전교생이 아침 조회 때마다 함께 구호를 외쳤다. 전국 최초로 무감독 시험을 치르는 인천 최고의 학교에 다니는 자부심이 있었다"고 당시를 회상했다.

강당 내부는 당시에는 보기 드물게 중앙 기둥이 없는 형태로 지어졌다.

많은 인원을 수용할 수 있도록 한 형태로 간결하면서도 기능적이다. 이 때문에 당시 대규모 실내 집회 장소가 없었던 인천 지역의 큰 행사는 무조건 이곳에서 열렸다고 한다. 1956년부터 13년 동안 제물포고 교사로 근무한 심재갑 '길영희선생기념사업회' 고문은 "학교 행사는 물론이고, 전국 웅변대회가 매년 개최될 정도로 인천을 대표하는 건축물이었다"고 말했다.

건립 초기 성덕당에선 일본 제국주의의 필요성과 우월성을 강조하기 위한 강연이 많이 열렸다고 한다. 그러나 해방 후 학생 대표로서 3·1 운동에 앞장섰던 길영희 선생이 교장으로 부임하면서 그의 대쪽 같은 훈시장소로 탈바꿈했다. 또 현상윤, 설의식, 장이욱, 변영태, 유진오, 백낙준, 함석헌 등 당대 석학들의 강연이 개최된 곳으로도 유명하다.

심 고문은 "길영희 선생이 당시 명사들과 교류가 많았기 때문에 제물포고 학생들뿐 아니라 인천시민을 위한 명사 강연을 많이 개최했다. 1960년도 졸업식에서는 그 해 사망한 조병옥 박사의 추모식을 진행할 만큼 인천 시민들에게는 상징적인 공간이었다"고 했다.

김윤식 시인은 "독재 정권 시절이었기 때문에 모든 학교에서는 강압적인 분위기가 많았지만 성덕당 안에서는 학생들의 자유로운 토론이 열렸다. 인천 지역 민주주의의 광장과 같은 역할을 했던 장소다"고 전했다.

시대가 흐름에 따라 제물포고 구舊 교사의 대부분의 건물들이 철거되고, 새로운 건물이 들어섰다. 이제 예전 제물포고를 추억할 수 있는 건물은 성덕당뿐이다. 김윤식 시인은 "운동장에 있던 인천중 건물과 제물포고 본관이 사라져 버린 것이 너무 안타깝다. 학생 수가 늘어 사용이 어려웠을 수도 있겠지만, 건물을 보수하면 충분히 오랜 기간 보전할 수 있었던 건물이었다"며 아쉬워했다. 이어서 그는 "지금 남아있는 성덕당이라도 잘 보전해 인천 시민들에게 보여주는 것이 우리의 사명이다. 낡았다고 무조건 부숴버리는 것이 아니라 건물의 가치와 추억을 살릴 수 있도록 고민해봐야 한다"고 강조했다.

답동성당

1897년 건립 후 외곽을 벽돌로 쌓아 개축 '1937년 준공'

핍박과 포화에도 우아한 자태 지켜온 '언덕배기 안식처'

인천시 중구 답동 가톨릭회관 옆 언덕길을 따라 올라가 정상에 다다르면 이국적인 교회건물이 웅장한 자태를 드러낸다. 인천 근대 종교 건축물의 형님 격인 답동성당이다. 인천항이 한눈에 내려다보였을 언덕에 지어진 답동성당은 개항과 일제강점기, 한국전쟁과 인천상륙작전 등 격동의 역사와 인천의 변화를 지켜보며 오늘에 이르고 있는 유서 깊은 건축물이다. 답동성당에 가면 언제나 역사 공부를 하기 위해 답사 온 일행을 쉽게 만날 수 있을 정도이다.

1 제대부의 벽면 푸른 도장과 스테인드글라스가 조화를 이룬다.

2 1900년 4월 17일 답동성당 종축성식. [제공=천주교인천교구]

3 1916년 답동성당의 모습. 지금과 달리 뾰족한 종탑의 모습이 보인다. [제공=천주교인천교구]

1992년부터 성당에 다니고 있다는 홍순영 평신도 자문위원의 안내를 받아 성당을 둘러봤다. 이날도 역시 여주에서 왔다는 답사 일행이 호기심 가득한 표정으로 성당 이곳저곳을 살펴보고 있었다. 처음 성당을 만나면 고풍스럽고 웅장하면서도 우아한 자태와 아름다움에 누구나 압도된다. 홍 위원은 "역사적 가치를 잘 모르는 사람이 보더라도 성당 건축물이 주는 아름다운 매력에 많은 사람들이 매료된다. 때문에 지역의 관광명소로, 신자들의 결혼식 장소로도 인기가 높은 곳이다"라고 했다.

성당은 1897년 지어진 초기 성당에 외곽을 벽돌로 쌓아 올리는 방식으로 개축해 1937년 준공됐다. 1981년 국가지정문화재로 지정됐다. 천주교 답동교회가 발행한 『답동대성당 100년사』에 따르면, 제물포로 불리던 인천에는 파리외방전교회 소속의 홍 요셉Joseph Wihelem 신부가 파견돼 1889년 7월 1일 제물포교회를 창설하고 포교활동을 벌이기 시작했다. 홍 신부는 병인박해를 피해 고잔지역에 정착한 민종황(요한) 일가에게서 지금의 땅을 싼 값에 기증받아 부지를 마련해 성당건축을 계획했다. 그러나 홍 신부는 곧 신학교로 전임해 완성된 성당의 모습을 보지 못했다.

초대 홍 요셉 신부에 이어 두 번째 본당 신부로 부임한 신부는 파리외방전교회 소속 신 바오로Emille Le Viel였다. 그는 자선행위를 통해 교세를 확장했다. 조선 관리에게서 병원에서 환자를 간호할 수 있는 허가를 받아 병들고 부상당한 공장 노동자와 짐꾼들을 돌보는 등 소외된 이웃들을 위해 애를 썼다. 답동성당이 세워진 것은 제3대 서 요셉Joseph Maraval 신부 시절인 1897년 7월. 이때 비로소 지금의 성당이 모습을 드러냈다. 1937년 완공된 지금의 성당은 서울 혜화동 성당의 초대 신부였던 시잘레 신부가 설계했다.

성당을 정면에서 바라보면 가운데 큰 종탑이 있고 좌우로 작은 종탑이 하나씩 있다. 종탑은 팔각형의 받침돌 위에 원형 기둥 8개가 서 있고 그

2

3

1 종탑 내부의 모습.

2 스테인드글라스를 중심으로 양쪽으로 걸려있는 14처 조각이 보인다.

위에 8각형의 돔을 얹은 모습이다. 이는 우리나라에 지어진 성당 가운데 보기 드문 로마네스크 양식의 형태다. 답동성당과 전북 전주에 있는 전동성당을 제외하면 천주교 전교 초기 지어진 우리나라 대부분의 성당은 첨탑이 뾰족한 고딕양식이다. 고딕 양식은 중세 서유럽에서 유행한 양식으로 대표적인 특징은 바로 높은 건물과 뾰족한 첨탑이 수직적이고 직선적인 느낌을 준다는 점이다. 파리의 노트르담 성당이 고딕 양식이다.

홍 위원과 함께 종탑 안으로 들어가니 3개의 종이 보였다. 홍 위원은 "종탑에 균열이 생겨서 종이 울리지 않고 있지만, 불과 얼마 전까지 하루 3차례, 오전 6시와 정오, 오후 6시에 종지기가 치는 종소리를 들을 수 있었다. 성당 주변 사람들에게 시계나 다름 없었다"고 했다.

그에게서 종에 관한 또 다른 이야기도 들을 수 있었다. 일제는 광복 직전 3개의 종을 무기로 만들어야 한다며 가져가려 했다. 성당은 완강하게

저항했지만 다른 지역 성당에서 종을 헌납하자 버티기 힘들어졌다. 당시 성당의 신부는 기발한 제안을 해 위기를 모면한다. 종을 무기로 만들기보다 마을에 설치해 주민들이 경계태세를 갖추는 용도로 쓰자고 제안한 것이다. 그리고 종은 해방과 더불어 무사히 성당에 되돌아왔다.

성당 내부로 들어가면 화려한 색의 스테인드글라스를 통해 들어오는 빛이 무척 아름답다. 스테인드글라스를 자세히 보면 그림이 들어 있다. 성경의 여러 일화이다. 미켈란젤로의 조각 '피에타'처럼 성모 마리아가 죽은 예수를 안고 슬픔에 잠겨 있는 그림과 예수가 십자가에 달린 모습 등을 찾아볼 수 있다.

홍 위원은 "이 그림이 추상적인 모양 때문에 사람마다그림을 다르게 해석하는 재미도 있다. 답동성당의 아름다운 스테인드글라스는 신자들이 가장 큰 매력으로 꼽는다"고 덧붙였다.

스테인드글라스 창 옆에는 십자가의 길 14처 부조가 있다. 입체감이 느껴지도록 세밀하게 묘사된 조각은 성당의 의미와 아름다움을 더한다. 1937년 6월 30일 성당의 축성식이 열렸지만 당시 성당에는 성당에 꼭 있어야 하는 14처 조각이 없었다. 당시 인천부협 의원인 장광순(프란치스코) 씨는 이를 유감으로 생각하고 일금 1천여원의 경비를 들여 서양에 14처 조각을 주문했다. 1937년 11월 1일 이를 성당에 부착하고 신자들이 모여 축하했다.

아름다운 모습을 자랑하면서 낳은 이야기들을 품고 있는 답동성당은 건축 당시 한동안 인천 어디에서나 볼 수 있는 '랜드마크'였다. 하지만 시간이 흐르며 지금은 상가건물 속에 묻혀 성당 구역을 조금만 벗어나면 잘 보이지 않게 됐다. 또 주차장이 협소한 탓에 고풍스런 성당이 주차된 차량으로 둘러싸여 성당의 분위기가 어수선해지는 것도 안타까운 일이다. 현재 답동성당 주변을 관광 자원화하는 사업이 지자체에 의해 추진 중인데 이 기회에 이러한 문제를 개선해야 한다는 목소리가 높다. 답동성당의 역사적 의미와 아름다움을 인천시민은 물론, 모든 한국인이 누릴 수 있도록 거시적인 지혜를 모아야 할 것이다.

신포동 재즈클럽 '버텀라인'

1900년대 초 세워진 일본식 상가주택 2층에 위치한 재즈클럽

켜켜이 쌓인 푸른빛 재즈선율
연륜이 묻어나는 '깊은 울림'

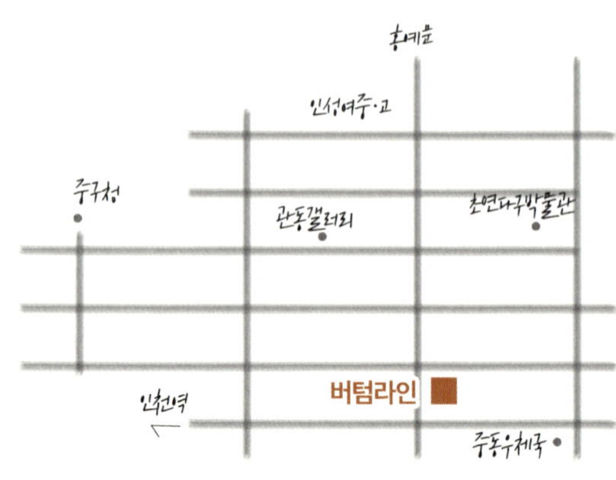

짙은 푸른 빛 재즈의 선율이 100년도 넘은 역사를 품은 근대건축물 안에서 공명한다. 인천 중구 신포로23번길 23에 위치한 '버텀라인Bottom line'이다. 버텀라인은 개항기인 1900년대 초께 지은 일본식 상가주택 2층에 자리한 재즈클럽이다. 1983년 문을 연 이후 33년째 그 자리를 지키고 있는 버텀라인은 건물의 나이만큼은 아닐지라도 우리나라에서 가장 오래된 3대 재즈클럽 중 하나다.

1910년대 이 건물에는 인천의 대표적인 상점 가운데 하나인 '후루다古田 양품점'이 있었다. 양품점이란 셔츠, 넥타이, 모자, 지갑 등 값비싼 서구 물품을 파는 상점이다. 후루다 양품점은 1920년대 중구 내동에서 우리나라 사람이 운영한 '대동상회大東商會'에 밀리기 전까지 인천에서 장사가 가장 잘되는 상점이었다고 한다. 후루다 양품점 맞은 편에는 '오카다岡田 시계점'이 있어 축음기와 음반을 사려는 사람들로 붐볐다고 전해진다.

건축물의 형태와 구조에서 당시 최신 유행이 소비되던 공간인 양품점의 면모를 엿볼 수 있다. 일본식 기와를 올린 합각지붕에 2층짜리 목조건물인 버텀라인은 개항기 다른 상점과는 달리 외관을 서양식으로 꾸몄다. 서양식 건축양식이 선진적이고 세련됐다고 인식한 당시의 시대 분위기가 반영돼 상점을 돋보이게 하려는 의도였던 것으로 추정된다.

건물 내부 또한 근대 상가 건축물에서 찾아보기 드문 독특한 구조라는 게 건축 전문가들의 평가다. 건물 지붕틀은 중앙에 수직재를 중심으로 직선의 목재를 삼각형으로 조립, 하중을 분산시켜 지탱하게 하는 왕대공 트러스king post truss 구조다. 건물 내부에 기둥을 사용하지 않아 공간을 최대한 넓게 활용할 수 있는 공법이다. 국내에 있는 근대 공공건물에서는 왕대공 트러스 구조를 사용한 경우가 있지만, 근대 시기에 왕대공 트러스 공법으로 지은 상가건물은 희귀해 버텀라인이 건축가나 건축학도들의 단골 답사코스가 되기도 한다. 일본식에 서양식이 결합한 건축 경향은 개항장 인천에서 특히 주목할 만한 문화적 특징이기도 하다.

2

1

1 건물 2층 버텀라인 입구로 오르는 목재계단. **2** 푸른색 또는 붉은색 조명이 근대 목조 건축과 어우러져 묘한 분위기를 연출한다. 원래 건물 내부 중앙에는 기둥이 하나도 없었지만 건물의 나이를 고려해 철제 기둥 하나를 보완했다.

이의중 건축재생공방 대표는 "일본식 근대 상가주택은 1층에서 장사하고 2층은 주거공간으로 쓰는 게 보통이지만 트러스 구조로 2층에 기둥을 넣지 않은 점으로 볼 때 2층도 주거공간이 아닌 상점으로 쓰였을 확률이 높다"고 설명했다.

현재는 근대건축물과 재즈의 결합이 풍기는 고풍스럽고 '블루지bluesy'한 분위기에 매료되어 국내외 유명 재즈 연주자들은 버텀라인 공연을 자청한다. 2016년 10월 국내 재즈페스티벌 공연을 위해 방한했던 프랑스 출신의 세계적인 재즈 베이시스트 앙리 텍시에 호프Henri Texier Hpoe도 허정선 버텀라인 대표에게 먼저 연락해 버텀라인에서 공연하고 싶다는 뜻을 전했다. 높고 단단하게 짜인 천장과 황토벽으로 둘러싸인 공간에서 펼쳐지는 연주는 그 울림부터가 다르다는 게 재즈 연주자들의 평가다.

허정선 버텀라인 대표는 "기계적으로는 고급 음향시스템을 갖추고 있진 못하지만, 이곳에서 공연한 뮤지션들의 공통적인 반응은 소리의 울림이 깊어 연주가 매우 만족스럽다는 것이다. 높은 천장과 흙벽 등 자연적인 건축 소재의 영향인 것으로 보인다"고 말했다. 이어 허 대표는 "근대 건축물이라는 운치 있는 연주공간에서 공연하고 싶어하는 욕구도 작용했을 것이다"라고 덧붙였다.

원래 손님으로서 버텀라인을 자주 찾았던 허정선 대표는 1993년 이곳

1 주인장조차 몇 장인지 정확히 모르는 수천장의 LP판을 진열한 바.

2 국내외 유명 뮤지션들이 자청해서 공연하고 싶어하는 버텀라인의 무대.

2

을 인수해 재즈클럽을 운영하고 있다. 바깥쪽으로 유리창을 낸 것을 제외하면 건물에 거의 손대지 않았다고 한다. 굳이 인테리어에 공들이지 않아도 벽면을 가득 메운 수천장의 LP판과 30년 넘은 턴테이블 등이 근대 건축물의 목조와 어우러져 '빈티지vintage' 한 감성을 자아낸다.

지난 2016년 7월 1일 밤 버텀라인에서 이곳의 단골인 사진작가 김보섭 씨를 만났다. 김보섭 씨는 "100년이 넘은 건물도 역사지만 30년 넘게 인천을 대표하는 재즈클럽으로 남아있는 버텀라인 자체도 이제는 역사다. 앞으로도 그 역사가 이어지길 바란다"고 말했다.

재즈클럽이 문을 열었을 때부터 33년째 꾸준히 찾고 있는 중·장년층은 물론 최근에는 젊은 층의 발길도 잦다. 서로 다른 세대가 음악을 매개로 공감하고 소통하는 근대 건축물이라는 것이 버텀라인이 지니는 진정한 가치라는 게 허정선 대표의 생각이다.

허정선 대표는 "버텀라인이란 이름은 첫 번째 주인이 미국 뉴욕에 있는 유명한 재즈클럽 이름을 딴 것인데, 세계적인 고층 빌딩 숲인 뉴욕 맨해튼에도 군데군데 허름한 재즈클럽 같은 옛 건물이 공존하고 있다. 버텀라인도 세월이 지나고 인근이 개발되더라도 그대로 자리를 지키는 근대 건축물이자 문화공간이 됐으면 한다"고 간곡한 소망을 덧붙였다.

해광사(옛 화엄사)

1908년 세워진 조동종 사찰내 초기부터 남아있는 건축물

일제 강점기의 새로운 종교
일본 불교가 남긴 벽돌건물 한 채

1876년 '강화도 조약' 체결 이후 물밀 듯이 밀려온 외국인들은 자신들의 종교도 같이 들여왔다. 일각에서는 '강화도 조약' 체결 이후 가장 먼저 한반도에 들어온 것이 종교였다고 표현할 정도다. 이 때문에 부산이나 원산, 인천 등 강화도 조약 체결과 함께 개항한 지역들은 외국 종교의 전시장이라고 할 만하다. 일본인들은 일본의 불교, 프랑스에서는 천주교, 미국에서는 감리교, 중국인들은 중국의 불교, 천주교, 기독교를 들여왔다. 이에 따라 인천 중구 개항장 일대에는 답동성당을 비롯해 내동성당, 내리교회, 중화 기독교 교회 등이 잇따라 세워지게 됐다.

그중에서 가장 활발히 포교활동을 벌인 종교는 일본 불교다. 당시 일본 불교는 정부의 지원을 받고 있었는데 이는 이 당시 일본 내부의 정치 상황과 연관돼 있다. 일본 불교계는 메이지 유신 정부가 탄생할 때까지도 막부 정권과 오랜 세월 우호적인 관계를 유지하며 이들을 후원했다.

이에 새로 만들어진 메이지 유신 정부는 당연히 불교계와 거리를 두었고 메이지 유신 이후에는 일본 불교 역사상 유례없는 탄압을 받게 됐다. 이를 벗어나기 위해 당시 일본 불교계는 다시금 권력에 협력하며 정치권과 유대 관계를 강화한다. 해외 포교를 위해 포교사를 파견하고 조선의 정세를 염탐해 본국에 보고하기도 했다. 당시 해외 이주와 식민지 개척 정책을 시행하던 메이지 유신 정부와 불교계의 이해관계는 맞아떨어졌고 진종·정토종·일련종·조동종·진언종·임제종 등 6개 종파가 인천 등 개항 도시에 집중적으로 전파됐다. 이에 전국에는 이들 6개 종파에 의해 167개의 사찰이 설립되었다. 당시 부산에 이어 두 번째로 많은 일본인이 거주했던 인천의 사정도 다른 지역과 마찬가지였다.

일본은 철도와 도로부설, 토지조사사업 등 수탈을 위해 각종 사업을 벌였고 인천에는 수많은 일본인이 거주하기 시작했다. 일본 정부는 이주 일본인에게 유리한 도시 환경을 만들기 위해 행정 구역을 개편해 나갔는데 현재의 인천 중구 답동 일대를 '사정寺町'이라고 불렀다. 이 일대에는 1899년 '진종'에서 개창한 '동본원사東本願寺'를 비롯해 일련종의 '묘각사妙覺寺', 정토종의 '인천사', 조동종의 '화엄사' 등의 절이 자리 잡고 있었다. 이 당시에 만들어진 사찰 대부분은 도시 개발 과정에서 사라졌지만 그중 '화엄사'만이 '해광사'로 이름을 바꾸고 아직도 남아있다.

인천 중구 신흥동 1가에 있는 이 절은 1908년 8월 29일 조동종의 사찰로 만들어진 것으로 일제강점기 우

1

1 해광사 대웅전 정면에 위치한 석탑. 사찰 내부의 구조물들은 처음 지어진 건물이 지금까지 남아있는 것이다.

2 1908년 8월 29일 조동종의 사찰로 만들어진 해광사 명부전.

3 해광사 명부전 내부 전경. 한국전 당시 희생됐던 국군 장병들의 위패가 안치돼 있다.

리나라에 건설된 전형적인 사찰 구조를 띠고 있다. 우리나라 전통 사찰 건축 방식은 일주문과 천왕문을 지나야 대웅전에 도착할 수 있는 구조로 배치돼 있다. 그러나 당시 일제강점기에 지어진 대부분 사찰은 돌로 만들어진 계단을 따라 올라가면 별도의 문門 없이 곧바로 마당과 대웅전을 볼 수 있다.

이 시기 대부분 사찰은 본당과 고리(승려의 거주 장소로 부엌의 기능을 겸하는 건물)를 필수적으로 갖추고 있지만 다른 별도의 시설은 갖추지 않은 경우가 많았다. 1915년 8월 16일 제정된 '신사원규칙(조선총독부가 규정한 사찰 건립 기준)' 4조에는 '사원에는 본당과 고리를 갖추고 있을 것'이라고 규정돼 있다.

부산대학교 이미나 교수는 2012년 발표한 「개항 이후 일본불교의 침투와 한국 사찰건축의 변화」라는 논문에서 "포교를 위해 기존에 유치돼 오던 일본인 거류지 도심 내에 별원과 포교소를 설립해야 했으므로 넓은 부지를 확보할 수 없었을 것이다. 짧은 시간에 포교를 확대해 나가야 했고,

해광사 진입로. 일제강점기 때 만들어진 석축이 아직도 남아있다.

1990년대 중반 철거된 해광사 대웅전. 전형적인 일본 사찰 건축 양식으로 만들어진 것으로 알려져 있다. [제공=해광사]

본산에서 자본과 기술력 등을 지원받아야 했기에 최소의 시설만을 인가해줬을 것으로 추정되고 있다"고 기술하고 있다.

해광사 대웅전으로 사용됐던 본당은 1990년대 중반 철거돼 없어진 상태다. 건립 초기부터 남아있는 건물은 본당 뒷편에 위치한 '명부전'이 유일하다. 명부전은 지장보살을 모시고 죽은 이의 넋을 인도하여 극락왕생하도록 기원하는 기능을 하는 전각이다. 해광사 명부전은 일반적인 사찰과 다르게 벽돌로 지어진 것이 특징이다. 해광사 주지 스님인 화진 스님은 "일제 강점기에는 고리로 사용하던 건물을 해방 이후 능해 스님이 명부전으로 바꾼 것으로 알고 있다"고 했다.

인천 지역 오래된 절인 만큼 이곳에서는 많은 위령제가 열렸다. 1950년 4월 6일《경향신문》은 '작년 추석 인천 앞바다에서 침몰한 평해호 사망자 130명에 대한 위령제가 열렸다'고 보도했고, 1953년 12월 1일에는 '6·25 전쟁에서 희생된 조일윤 대위 등 526명이 해광사에 안치됐다'고 밝혔다. 지금도 해광사 명부전에는 한국 전쟁 희생자 등의 위패가 안치돼 있다.

손장원 인천재능대 교수는 "해광사는 일제강점기 일본 사찰 배치를 보여주는 인천의 유일한 사찰이다. 개별적인 건물의 특색은 없지만 사찰 건물의 특성을 나타내는 건물이기 때문에 지자체 차원에서의 관리가 필요하다"고 지적했다.

애관극장
AeKwan
Multiplex
Cinema
NOW SHOWING

애관극장

한국전쟁때 소실돼 1960년 개보수 이어 2004년 새단장

영화보다 더 짙은 향수 '청춘들의 추억이 머무는 곳'

사람이 모이는 곳에 음식점이나 술집, 공원 등 유흥시설이 몰리는 것은 당연했다. 우리나라 최초의 근대식 공원인 자유공원이 1888년 응봉산 일대에 자리 잡았고 대불호텔이나 공화춘, 중화루 등 대형 식당들도 이 시기에 차례로 문을 열었다.

1901년 당시 내리교회에서 근무하던 존스 목사(한국명 조원시)는 회고록에 "1900년에 들어섰을 무렵 이미 인천에는 3개의 영사관, 2개의 극장, 7개의 은행, 다수의 목욕탕, 수 개의 교회당, 수 개의 호텔 등이 있었다"고 기록했다. 1933년에 발간된 『인천부사』에도 "부청 서쪽인 중정 1정목(현 관동)에 100석 규모의 화도花道를 갖춘 극장을 (일본)거류민의 위안을 위해 개설했는데 이후 명치 30년(1897년)에 산수정 2정목(현 송학동)으로 옮겨 극장 양식으로 신축해 '인천좌仁川座'라 불렀다"고 기록돼 있다.

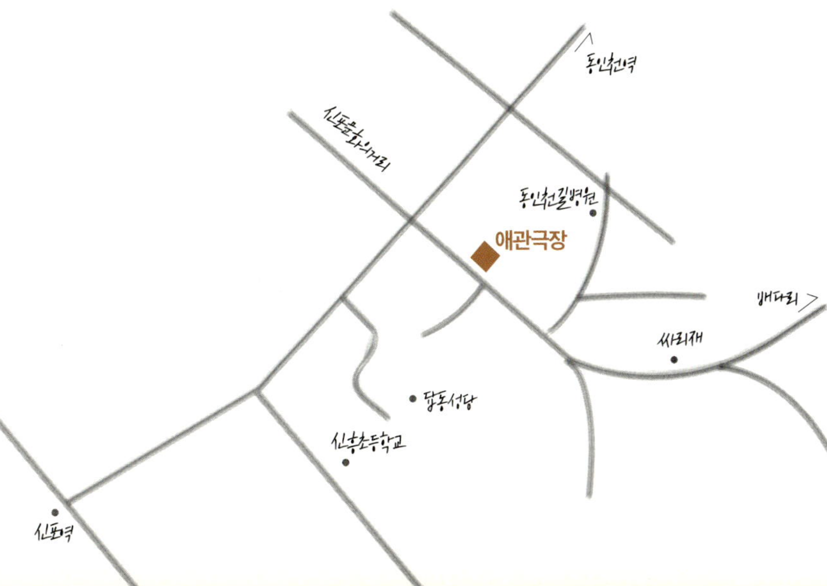

이보다 앞서 인천에 자리 잡은 극장은 지금의 애관극장에 세워진 '협률사協律舍'로 알려져 있다. 이는 우리나라 최초의 공연장으로 알려진, 조선 황실이 1908년 서울 정동에 세운 '협률사協律社'보다 앞서 1895년 당시 인천 최고의 부호로 불렸던 정치국(1865~1924)에 의해 만들어졌다고 알려져 있지만 이는 다소 논란의 여지가 있다.

1895년 정치국은 아직 부산에 있었으므로 이때 인천에 극장을 설립했다고 볼 수 없다. 아울러 1894년부터 1897년까지 조선을 여행한 이사벨라 비숍의 여행기 『한국과 그 이웃나라들』에 의하면 서울에도 '일본인 거주지에 찻집, 극장, 기타 일본식 생활에 필요한 다양한 설비들을 갖추고 살고 있다.'고 했으므로 1897년 인천에 세워진 '인천좌仁川座' 또한 최초의 극장이라고 단정하기는 어렵다.

다만 내리교회를 세운 존스 목사는 '1900년에 들어섰을 무렵 이미 인천에는 상설극장 2개소가 있었다'고 기술하였으므로 그 어느 곳보다 이른 시기에 인천에 극장이 선 것은 의심의 여지가 없다. 서울의 2배 이상의 일본인이 거주하던 인천에 서울보다 먼저 극장이 설립되었다는 추정도 불가능한 것은 아니지만 섣불리 최초의 극장을 단정할 필요는 없다고 하겠다.

2

1

1 극장 정문에 붙은 애관극장 연혁표.

2 애관극장의 현재 내부 모습. 한국전쟁 때 화재로 손실되고, 1960년 개보수를 마쳐 400석 규모의 극장으로 재개관한 데 이어 2004년 전면 개보수를 통해 5개 상영관을 갖춘 멀티플렉스 영화관으로 탈바꿈 했다.

향토사학자인 최성연은 『개항과 양관 역정』(경기문화사, 1959)에서 "당대 인천의 부호 정치국 씨가 운영하던 협률사라는 연극장이 있었다. 협률사는 오늘의 애관愛館의 전신으로서, 청일전쟁(1894~1895) 중 지었던 단층 창고를 연극장으로 전용했다"고 밝혔으니 창고였던 건물을 극장으로 바꾸어 운영했다고 볼 수 있을 것이다. 협률사는 개관 당시 인천 문화의 중심지였다. 매일 <박첨지>, <흥부놀부전> 같은 인형극에서부터 창극이나 신파연극 심지어는 아직 명맥이 유지되고 있던 남사당패의 공연도 있었다고 전해지고 있다.

1970년대 당시 애관극장. [제공=인천 시립박물관]

협률사는 개항장 인천의 이미지에 맞춰 잠시 이름이 '축항사築港舍'로 바뀌었다가 1926년에 '보는 것을 사랑한다'는 의미의 '애관'으로 다시 개명됐다. 이때부터 애관은 연극과 영화를 두루 상연, 상영하는 용도로 사용되었다. 현재 애관 극장은 1926년 당시의 모습은 아니다. 한국전쟁 때 화재로 손실되고 1960년 개보수를 마치고 400석 규모의 극장으로 재개관한 데 이어 2004년 전면 개보수를 통해 5개 상영관을 갖춘 멀티플렉스 영화관으로 바뀌었다.

애관극장 외부는 1960년 건축 당시 모습이 그대로 남아 있다. 벽돌로 마감된 외부는 곳곳에 모자이크 타일이 장식돼 있는데 이는 최초 건축 당시부터 현재까지 몇 번의 변화 과정이 있었던 것을 알려주고 있다. 애관극장은 설립 당시 벽돌조 단층 건물에서 2층으로 수리하는 등 수차례에 걸친 증축이 이뤄졌다.

1960년대 인천에 영화붐이 일어났다. 애관극장을 중심으로 경동은 시네마거리로 불릴 정도로 극장이 많았다. 동방극장을 비롯해 문화, 미림, 오성, 인영, 인천, 인형, 키네마, 현대극장 등 인천 지역 대부분 극장이 지근거리에 모여 있었고 영화사도 여럿 활약하고 있었다. <무영의 악마>(인천건설영화사), <복지강화>(합동영화사), <날개 없는 천사>(국보영화사) 등이 제작 보급되었다. 애관은 영화뿐만 아니라 강연이나 연주회장으로도 명성이 있었는데 20세기 최정상급 지휘자이자 피아니스트였던 레너드 번스타인(1916~1990)의 피아노연주회가 열리기도 했다.

김윤식 시인은 "애관극장 앞은 인천 지역 학생들의 주요 만남의 장소였다. 당시에는 놀 거리나 장소가 마땅치 않았기 때문에 애관극장이 있는 경동에서 만나 영화도 보고 음식을 먹었다. 특히 애관극장은 명절이나 크리스마스 같은 시기에는 아침부터 나가야 겨우 저녁 영화 티켓을 구할 정도였다"고 당시를 회상했다.

그러나 현재 경동을 지키고 있는 극장은 애관극장뿐이다. 키네마극장이 있던 자리에는 은행이 들어섰고, 동방극장이 있던 곳은 공영 주차장으로 바뀌었다.

김윤식 시인은 "아무래도 개인 기업이기 때문에 지자체가 나서서 지키기 어려웠던 측면이 있지만 인천 문화의 상징 같은 곳을 허무하게 흘려보내 너무 아쉽다. 마지막으로 남은 애관극장이라도 지자체가 보전에 나서야 한다"고 지적했다. 이어 그는 "이러한 것을 지키는 것이 인천의 가치를 재창조하는 중요한 작업"이라고 강조했다.

창영초등학교

1907년 남촌에 주민성금으로 지어진 인천 최초 공립보통학교

일제강점기 조선인이 세운 학교 '인천 3·1운동' 시작점

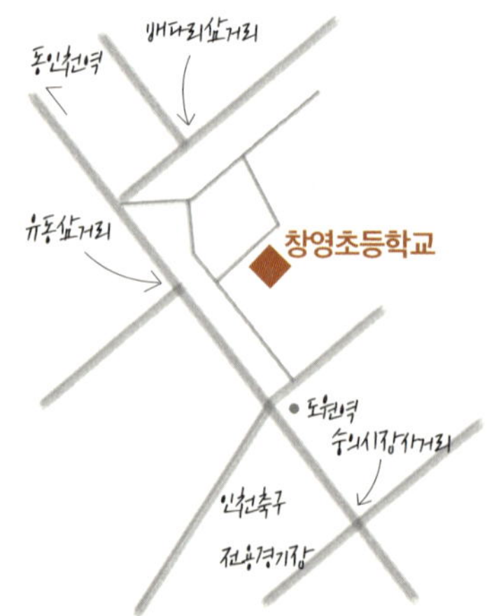

일본과 체결한 조일수호조규에 따라 1883년 강제로 개항된 인천항 일대에는 일본인과 중국인, 미국인 등 많은 외국인들이 들어왔다. 그곳에 살던 조선인들은 지금의 창영동 주변으로 밀려났다. 1899년 경인선이 개통된 이후 사람들은 중국인과 일본인이 사는 지역인 철도 북쪽에 위치한 조계지 일대를 북촌, 남쪽 조선인 마을이 밀집된 지역은 남촌이라고 불렀다.
북촌과 비교하면 남촌지역 주민들의 생활은 모든 면에서 열악했다. 장마철이 되면 마을과 도로가 모두 진흙밭이 됐고 배설물도 제때 처리되지 않아 악취가 진동했다. 아이들의 교육도 마찬가지였다.

당시 일본인 거주지역에는 개항과 동시에 일본인 자녀의 교육을 위해 일본인 아사히 소학교(인천심상보통학교·현 인천신흥초등학교)가 세워졌지만 그 후 20년이 지나도록 조선인 마을에는 제대로 된 학교가 없었다. 이에 당시 남촌 주민들은 당시 인천부의 행정수장이었던 인천부윤仁川府尹에게 학교 건립을 요구했고 주민의 성금을 모아 1907년 인천 최초의 공립보통학교가 세워졌다. 초대교장은 당시 부윤 김윤정金潤晶이 겸하였다. 이 학교가 인천 창영초등학교이다.

배다리 등 인천 동구 일대 역사를 기록하고 있는 인천영화관광경영고등학교 이성진 교사와 함께 인천 동구에 위치한 창영초등학교를 찾았다. 교문을 열자 붉은 벽돌로 세워진 2층 건물이 맞아주었다. 건물 앞쪽에는 이곳에서 인천 3·1운동이 시작됐다는 안내석이 세워져 있었다.

1919년 3월 인천공립보통학교(현 창영초등학교) 학생들은 서울에서 3·1운동 소식을 듣고, 3월 6일부터 나흘 동안 동맹휴학을 결정했다. 거리로 나와 만세운동을 시작한 학생들은 시민들에게 독립선언서를 배포하며 만세운동을 이어갔다. 이에 일제 경찰은 학교 측을 압박해 교사들이 학생들의 동향을 파악해 보고하게 했다. 그러나 당시 3학년 학생 김명진과 이만용 등은 학교 건물로 침입해 교사들이 일본 경찰에 보고하지 못하도록 전화선을 끊고 전화기를 파손시키며 맹렬히 항거했다.

1 일제강점기 당시의 특징이 남아 있는 복도 모습

2 여러 번의 증축으로 특이한 모습을 갖게 된 초등학교 내부 계단

3 특별실에 전시된 학교 연혁

4 6·25전쟁 당시 생긴 피탄자국

1

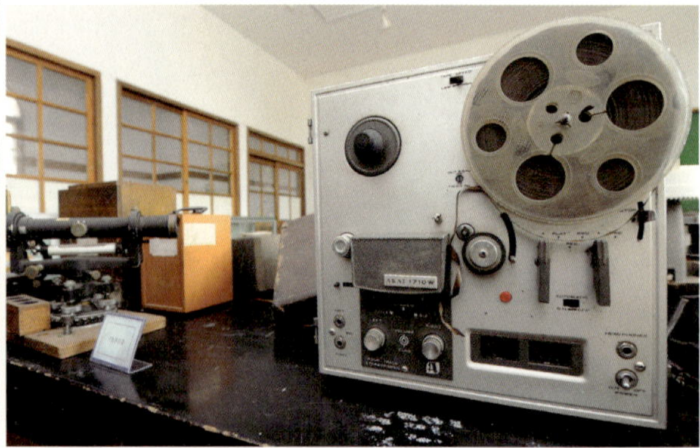

학교에서 사용했던 물품들이 전시되어 있다. 수업을 알릴 때 쓰던 종과 음향기기가 눈에 띈다.(위)

창영초등학교의 100년을 기념한 창영백년비(아래)

이성진 교사는 "당시 인천공립보통학교는 공부를 좀 한다는 인천의 조선인들 모두가 다니는 학교였다. 말 그대로 지역 주민들의 자존심이었고 희망이었다. 이곳에서 3·1운동이 시작된 것은 당연한 일이라고 생각한다"고 설명했다.

현재 남아있는 붉은 벽돌 건물은 1922년에 지어졌다. 학교를 처음 설립할 때도 주민들의 성금을 모았지만 새로운 건물을 신축할 때도 당시 인근 주민들이 200원을 모아 비용을 지원했다고 한다.

벽체 윗부분은 화강석으로 아치Arch형을 이루고 있고 현관은 근세풍 양식을 띤 무지개 모양으로 꾸몄다. 좌우 대칭면에 넓은 창을 규칙적으로 배열했고 지붕에는 그 아래쪽 방을 밝게 하기 위한 지붕 창을 만들어 놓았다.

인천재능대 손장원 교수는 창영초등학교가 1920~30년대의 학교 건축 양식을 전형적으로 보여주는 건축물이지만 학교는 보통 이전 건물을 부수고 새로 짓는 경우가 많아 이러한 양식의 학교 건축이 흔히 남아있는 것은 아니어서 역사적으로 보전할 가치가 높다고 평했다.

건물에 들어서자 一(일)자 형태의 긴 복도가 눈에 들어왔다. 모든 교실 복도 쪽에는 커다란 창문이 만들어져 있었다. 일제강점기에 지어진 대부분 학교들의 특징이다. 수업 시간에 다른 활동을 하지 못하도록 감시하면서 조선인들을 쉽게 관리하고자 했던 지배 목적이 건축에 반영된 결과이다. 실제로 당시에는 모든 학교에는 반드시 일본인 교사를 한 명 이상 배치하도록 했다. 조선인들에 의해 만들어진 학교였지만 철저히 일본의 관리 아래 운영되었던 것이다.

일제강점기 학교에 다녔던 김석배(29회 졸업) 씨는 창영초등학교

100년사 회고록에서 "5학년부터는 황국신민화 정책에 따라 국어(일본어) 상용정책이 실시되었고 모든 학생들이 학교 내에서는 조선어로 말하는 것을 금했다. 어쩌다가 실수로 조선어가 튀어나오면 이를 들은 학생의 고발로 실수한 학생의 이름이 벽에 붙게 됐고 벌점을 매겨 학업성적표에 반영했다"고 당시를 기억했다.

건물 외벽을 살펴보니 곳곳에 시멘트로 덧칠한 자국이 눈에 띄었다. 인천상륙작전으로 서울이 수복되고, 이곳은 경기경찰총국 임시 청사로 사용됐었다. 때문에 이곳은 1·4후퇴 때, 보도연맹에 참여했던 부역자를 처벌하는 장소로도 사용됐다. 이성진 교사는 "시멘트는 부역자를 처리하면서 생긴 총탄 자국을 가리기 위해 바른 것이다. 당시 기록을 살펴보면 이곳에서만 200여 명의 부역자가 사살된 것으로 보인다"고 설명했다.

전쟁이 끝난 뒤, 학교 주변에는 빈민들이 모이기 시작했다. 1950년대 학교에 다녔던 박차영 씨는 "학교 앞에 꿀꿀이죽 골목이 있었는데 학교에 다니는 대부분의 아이들이 그것도 못 먹을 정도로 가난했다"고 당시를 기억했다. 그러나 조선인이 세운 최초의 공립학교라는 자부심은 대단했다고 한다.

박 씨는 "우리 학교 아이들은 일본인 교육을 목적으로 만들어진 신흥초등학교를 '쪽발이 학교'라고 불렀다. 달리 생각하면 상대적으로 잘 살았던 신흥초 아이들에 대한 질투심이었겠지만 우리나라 사람이 만든 학교에 다닌다는 자존심이 더욱 상했다"고 웃으며 말했다.

창영초 구舊 교사는 20여 년 전부터 수업을 위한 장소로는 활용되지 않고 있다. 마룻바닥이고 오래된 건물이므로 정상적인 수업이 어려웠기 때문이다. 그러나 학교 측은 지난 2015년 리모델링을 실시했으며 특별실 등으로 교사를 활용할 계획이다. 20세기 초반 조선인이라는 자부심을 품고 학생들이 수업을 받던 교실에서 21세기의 아이들이 교육을 받게 되는 셈이다.

이성진 교사는 "창영초등학교는 인천 지역 최초의 공립학교로서 인천 지역 교육사에 이정표를 세운 곳이다. 이러한 점을 더욱 부각할 수 있는 작업이 앞으로도 필요하다"고 강조했다.

인천 영화초등학교

1911년 세워진 지하 1층·지상 3층 규모의 벽돌 건물

근대 여성교육의 출발점
조선의 우먼파워 키웠다

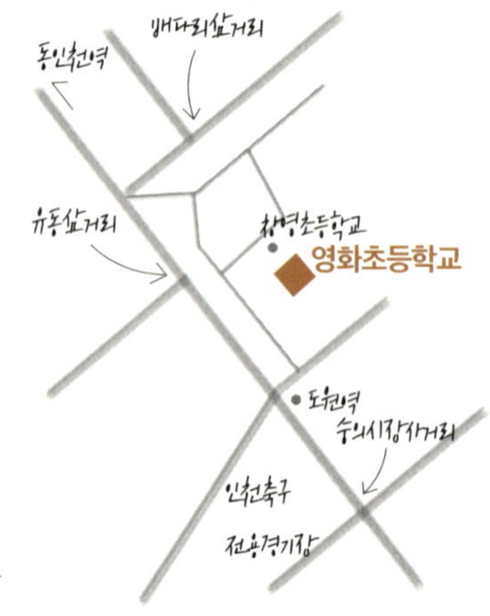

1892년 당시 서울 이화학당에서 성악을 가르쳤던 미북감리교회 여선교사 마가렛 벵겔 Magaret J. Bengel은 제물포 여성 선교에 중점을 두기 위해 담당 선교사로 파견됐다. 이와 함께 황해도 곡산 출신 미망인의 백헬렌이 내려와 본격적인 여성 선교를 시작했다.

그러나 병인양요와 신미양요 등 두 차례 서양의 침략을 겪었던 인천인들은 미국에서 찾아온 전도사들이 전파하는 종교에 대한 거부감과 두려움을 갖고 있었다. 이에 백헬렌은 가정에서 필요한 물건을 아주 싸게 팔면서 여인들의 인심을 얻는 방식으로 전도를 시작했다.

하지만 그 당시 여성들은 글자를 모르는 문맹이었고 그래서 벵겔은 전도부인인 강세실리아에게 한글과 찬미가를 가르치도록 했다. 그런데 벵겔의 눈에 전도된 어머니를 따라 교회에 온 아이들이 보였다. 이 아이들은 어깨너머로 배우는 한글을 엄마보다 더 빨리 익혔고, 찬미가도 더 잘 불렀다. 벵겔은 이러한 사실을 발견하고 아이들만을 위한 교육 선교를 구상했다. 이것이 우리나라 최초의 서구식 초등학교인 인천 영화초등학교의 시작이다.

1

2

인천 동구 창영동에 있는 영화초등학교 본관을 찾았다. 1911년 세워진 이 건물은 지하 1층, 지상 3층 669㎡ 규모의 벽돌 건물로 만들어졌다. 학교 건립비용은 싸리재에 있던 교사의 매각대금과 미국 네브라스카에서 목재 사업을 하던 콜린스의 기부금 1천 달러, 그리고 인천지역 여성신도들이 삯바느질과 빨래 등으로 모은 헌금으로 충당됐다.

무더운 날씨였지만 학교 내부에 들어서자마자 시원하다는 느낌을 받았다. 영화초등학교와 한 울타리 안에 있는 인천영화관광경영고등학교의 이성진 교사는 "벽돌로 지어진 외벽과 내벽에 세 뼘 정도의 공간을 둬 내부에 진흙과 석회를 발라 습기를 빨아들이고, 외부 온도를 차단해주는 역할을 하게 설계됐다. 이 때문에 여름에는 바깥 온도보다 4~5℃ 정도 낮은 기온을 유지한다"고 말했다.

건물 내부는 성서연구와 기독교 교육을 목적으로 교회 내에 설치하는 전형적인 주일학교 형식으로 만들어졌다. 1층 바닥은 콘크리트로 돼 있고, 2층은 목재 마루로 만들어졌다. 2층 나무 바닥은 1911년 건립 당시 그대로 보존돼 있다. 당시 백두산에서 공수해온 적송을 사용했는데 추운 북쪽 지방의 나무들이 워낙 단단하기 때문이라고 한다. 아직도 바닥 곳곳에서 옹이를 잘라낸 흔적들을 발견할 수 있다.

영화학교가 백두산 소나무를 쓴 데는 생각지도 못한 우리나라 역사적 원인이 결합해 있다. 이성진 교사는 "조선 말 흥선대원군 집권 당시 두 차례에 걸친 경복궁 증축 사업을 벌이면서 서울과 인천, 경기도 지역의 소나무들을 모조리 자재로 사용했다"며 "할 수 없이 영화학교는 당시 목재 수송이 용이했던 백두산의 나무를 가져올 수밖에 없었다"고 설명했다. 덕분에 2층의 나무 마루는 100년이 넘은 지금까지도 그대로 남아있게 됐다.

1 영화학교 창립 당시 교직원(왼쪽부터 강세실리아, 마가렛 벵겔(Magaret J. Bengel), 백헬렌).

2 영화초교 본관. 1911년 세워진 지하 1층 지상 3층 규모의 벽돌 건물

(위에서부터) 1918년 제3대 헤스교장 송별회, 1934년 영화학교 본관의 모습, 1943년 가사수업 중인 학생들 모습 [제공=인천영화초등학교]

건물 3층은 다락방으로 'ㅅ'자 형태의 내부에 서까래를 노출하고 있다. 특히, 학생들의 예배와 체육 활동을 위한 강당으로 사용됐던 이곳은 십자형 평면으로 설계돼 종교적 의미를 가미했다고 한다. 건물 지하에는 당시 인천 지역 학교로는 최초로 조개탄을 사용해 공동 난방을 하는 보일러실이 위치해 있었다고 한다. 본관은 학교 건축물의 외형으로는 드물게 영국 성공회의 교회 건축물 풍으로 지어졌고 4개의 다락이 들어선 3층 실내구조와 외곽 지붕구조는 특이하다는 평을 받고 있다.

현재 남아있는 영화초등학교 본관은 1930년대 말 건물 출입구 돌출 부분을 증축한 것이다. 이 과정에서 학교는 건물 내부 구조를 'ㅁ'자 형 평면 형태로 설계했는데 이는 요즘에도 대부분 학교가 획일적인 일자형 구조로 지어지는 것을 감안하면 매우 신선한 시도였다.

아주대학교 건축학부 전유창 교수는 2009년『한국교육시설학』학회지에서 발표한「창영초등학교 및 영화초등학교」논문을 통해 "영화초등학교는 현재 편복도로 기능적이고 획일화된 현재의 교육시설과 대비된다. 다양한 프로그램을 수용할 수 있는 융통성 있는 평면 계획적 적합성과 공간의 풍부함은 현대에 건축되는 융통성 없는 기능 위주의 학교 건축에 시사하는 바가 크다고 할 수 있다"고 평했다.

1920년대 당시 조선인들의 교육열이 들끓었지만, 조선총독부는 1면 1학교 정책을 펼쳤다. 식민지 조선인들이 교육을 받아 지식인으로 성장해 자신들을 위협하는 것을 차단하기 위해서였다. 이러한 이유로 당시 영화학교는 인천 지역 여학생들이 서울의 명문 사학으로 진학할 수 있는 유일한 통로였다.

이성진 교사는 "영화학교는 미북감리교회 선교사들이 만든 학교였기 때문에 서울의 '이화학당'은 물론 '경성여자실업학교'나 '배화학당', '진명여학교' 등과 활발한 소통을 했고 이들 학교로 많이 진학했다. 1930년대 말에는 학생 수가 400명이 넘을 정도로 학교가 커졌다"고 했다. 실제로 최초의 여성 박사 김활란, 유아 교육 개척자 서은숙, 이화여자대학교 사범대 초대학장 김애마, 피아니스트 김영의 등 한국 사회의 선구자 중 다수가 이 시기에 영화학교에서 공부한 학생들이었다.

이성진 교사는 "인천의 근대 여성교육은 영화학교에서 시작됐고, 그것을 선도한 사람은 벵겔이었다. '암탉이 울면 집안이 망한다'는 그릇된 인식을 가졌던 당시 가부장제에 저항하면서 여성도 인간으로서 평등한 능력을 가지고 있음을 보여주었다. 실제 수많은 한국 여성교육의 선구자를 배출한 곳이 영화학교이다"라고 강조했다.

인천 여선교사 기숙사(갬블홈)

P&G사 매리 갬블 부인의 기부로 1905년 건립

십자가 내걸린 '쇠뿔고개'
여성 근대화 운동 싹트다

인천 동구 창영동과 숭의동을 잇는 고갯길이 '쇠뿔고개'이다. 옛날 인천 사람들은 이 고개가 흡사 구부러진 소의 뿔과 같다고 해서 그렇게 불렀다고 한다. 때문에 지금도 이 일대 도로명 주소는 '우각로牛角路'이다. 쇠뿔고개는 개항 당시 인천에서 서울을 오가는 이들의 주요 통로였다. 인천항에 내린 사람들은 중구 내동에서 하룻밤을 보내고 싸리재와 배다리를 지나 쇠뿔고개를 넘어 서울로 향했다.

향토사학자 신태범 박사는 저서 『인천 한 세기』에 '내동에서 싸리재를 거쳐 쇠뿔고개를 넘는 길이 옛 경인가도京仁街道였다' 고 썼다. 이 때문에 이곳은 우리나라에서 서양 문물이 가장 먼저 정착한 곳이 됐다. 초대 주한 미국공사를 지낸 호러스 알렌Horace Allen의 별장이 고개를 따라 세워졌고 1897년에는 경인철도 기공식도 열렸다. 1907년에는 인천 최초의 공립보통학교인 창영초등학교도 우각로를 따라 연이어 만들어졌다. 이와 함께 미국 감리교회의 인천 선교기지로 활용됐다. 1904년 러일전쟁이 발발하면서 황해도 연안과 해주, 인천 강화와 영흥·덕적·교동, 경기도 남부지방 등의 선교 여행이 봉쇄돼 제물포와 부평, 부천, 영등포 등 내륙전도에 힘썼기 때문이다.

1900년대 들어 내리예배당이 늘어나는 교인들로 인해 새로운 예배당을 세우던 시기, 이곳에 예배당이 만들어졌고, 미북감리교회 여선교사 마가렛 벵겔Magaret J. Bengel은 이곳에 영화학교를 지었다. 기독교 관련 시설이 많아지면서 이곳에 상주하는 선교사들도 자연스레 늘어나게 되자 교회는 이 선교사들의 거처를 해결해야 했다. 이에 따라 교회는 현재의 인천세무서 자리에 남선교사 기숙사를, 창영감리교회 후문에는 여선교사 기숙사를 만들었다.

우각로에 위치한 여선교사 기숙사를 찾았다. 빨간 벽돌과 파란 양철 지붕, 지붕 위로 솟아오른 굴뚝 그리고 주변을 둘러싼 정원을 갖춘 이곳은 주변 도심과는 전혀 어울리지 않는, 외국 드라마나 영화에서나 봤을 법한 르네상스식 건물이다. 선교사들의 기숙사 문제로 어려움을 겪었던 교회는 당시 비누를 만들어 큰 돈을 벌었던 미국 'P&G(The Procter & Gamble Company)' 사의 매리 갬블Mary Gamble부인에게 도움을 청했고 그녀의 기부로 1905년 기숙사를 건축할 수 있었다.

선교사들은 1906년 한국여선교회가 미북감리교로 보낸 연례 보고서에 "지난해 11월 갬블홈에 입주했다. 신시내티 지부 갬블부인의 후원으로 건축됐다. 갬블홈이 제공하는 안락함에 대해 어떻게 감사를 표현해야 할지 아직도 모를 정도다. 갬블홈은 단단히 지은 2층 벽돌조 건축물로 3명의 여선교사가 거주하기에는 아주 적합한 공간이다. 제물포 합숙소는 앞으로도 유용한 공간으로 활용할 수 있도록 많은 배려를 했다" 고 명시하며 갬블부인에게 고마움을 전했다.

해방 이후 인천기독교종합사회복지관으로 활용되던 이 건물은 지난

1 1905년 만들어진 인천 여선교사 기숙사. 메리 갬블 부인의 기부금으로 건축됐기 때문에 '갬블 홈'으로 불렸다. [제공=영화관광경영고등학교 이성진 교사]

2 인천 여선교사 기숙사 1층 거실. [제공=인천 동구]

도원동에서 건너다 본 창영동 일대(1938년). [제공=인천 동구]

2003년부터 창영감리교회가 인수해 사회복지관으로 사용되면서 건물 목적에 맞게 개보수를 진행했지만 외부는 건축 당시의 형태를 대부분 유지하고 있다. 미국의 벽돌 건물 양식을 적용해 빨간 벽돌로 외벽을 세웠지만 지붕 형태는 북유럽 형식으로 눈이 많이 와도 쌓이지 않고 그냥 흘러내리도록 뾰족한 모양으로 만들어졌다. 지하 기초와 외부 계단이 대리석으로 돼 있어 표면에서 공사에 참여한 조선인 석공들의 다양한 취향을 엿볼 수 있다. 특히 내부 창틀의 경우, 사찰 창틀 문양을 그대로 사용하고 있는데 조선인 목수들이 서양식 창틀을 만들면서도 전통창틀 양식을 적용한 것으로 추정된다.

여선교사 기숙사는 건축 당시, 우각리 언덕 위의 빨간 벽돌집으로, 멀리 바다가 보일 정도로 동화 속의 집이었다. 이에 시조시인 최성연씨는 1959년 발간한『개항과 양관역정』에서 이곳을 '선교사들의 별천지'라고 표현하며 "영화여자국민학교 동쪽 민긋한 언덕 위에 낡은 형식의 2층 벽돌집(양관) 한 채가 조초롬히 앉아 있다. 20년 전만 해도 윤이 짜르르 흐르는 잔디밭이 언덕 전체를 덮고 있었고, 멋지게 손질된 수목들 사이에 세 채의 양관(여선교사 기숙사, 남선교사 기숙사, 아펜젤러 사택)이 삼각형의 정점마다 자리 잡고 있었다"고 기록했다.

과거 기록 등을 살펴보면 'ㄷ'자 형태로 된 건물 내부는 각 실이 복도로 이어져 있고 1층에는 대규모 거실이 있어 이곳에서 모임 등이 열렸던 것으로 추정되고 있다.

인천 남구 학익동의 극동방송 사옥이 가족 단위 선교사들이 거주할 수

있는 공간이었다면 이곳은 독신 선교사들이 머물 수 있는 장소였던 셈이다. 일제가 미국 선교사들을 적국의 국민으로 간주하고 노골적으로 탄압하기 시작한 1942년까지 이곳에는 수십 명의 미국 여선교사들이 거주했다. 이들 중 3대 영화학교 교장을 지냈던 마가렛 헤스Margaret Hess는 이곳에 거주하면서 인천지역에 큰 공헌을 했다.

1913년부터 1940년까지 27년 동안 인천에서만 선교 사업을 벌였던 헤스는 인천 최초로 영화 유치원을 설립하고, 교통수단이 부실했던 시기에 강화도를 비롯한 서해 도서 지역에까지 작은 배를 타고 구호활동을 벌여 '헤스 부인'이라는 호칭으로 주변 주민들에게 사랑을 받았다. 기독병원 간호부장이었던 덴마크 출신의 코스트럽Alfrida Kostrup은 부평 계양지방에서 의료와 수해 때 구호활동을 펼쳤으며 유아진료소를 개소하기도 했다.

배다리 등 인천 동구 일대 역사를 기록하고 있는 인천영화관광경영고등학교 이성진 교사는 "'갬블 홈'은 인천 지역 선교와 여성 근대화 운동의 모태가 됐던 곳이다. 지금이라도 인천시에서 이를 다시 매입, 보전 방안을 연구해야 한다"고 강조했다.

옛 드림보트클럽 '부평 부일식당'

1980년대까지 부평미군의 클럽으로 사용

현대사가 눈 감았던
미군클럽의 빛과 어둠

가게 건물은 세월이 흐르면서 주인이 바뀌고 그 쓰임새를 달리한다. 그래서 건물에 얽힌 옛 기억은 금세 잊히곤 한다. 특히 옛 건물이 대부분 사라지고 새 건물이 들어서는 도심지에서 지역의 옛 모습을 상상하기란 무척이나 어렵다. 인천 부평구 부평3동에 있는 부일식당은 1950~70년대 이 일대에 번성했던 기지촌과 미군클럽거리를 기억하는 유일한 건물이다. 1980년대까지 드림보트Dreamboat클럽이 있던 곳이다. 당시 이곳에는 미군과 이들을 위한 클럽을 중심으로 순환되던 하나의 경제적 사회적 생태계가 있었다.

인천 부평은 해방 이후 우리나라 최초의 미군기지가 들어선 지역이다. 일본이 1939년 부평 한가운데에 조성한 육군 조병창(군수공장)을 해방 직후 인천항을 통해 들어온 미군이 그대로 접수했고, 애스컴ASCOM(미 제24군수지원단)이 주둔해 기지화했다. 1949년 6월부터 미군이 우리나라에서 완전히 철수했던 1950년 9월까지 고작 1년 3개월을 제외하고, 비록 그 규모가 축소되긴 했으나 지금까지도 부평 일부는 다른 나라의 땅으로 남아있다.

'신촌'이라 불린 부평 미군기지 맞은편에는 미군을 위한 소위 '기지촌'이 생겨났다. 기지촌 문화의 중심인 클럽은 음악을 틀고 춤을 추거나 술을 마시는 미군의 유흥공간이면서 이들을 접대하는 여성을 만나는 장소이기도 했다. 이곳에서는 외국인만 상대할 수 있는 '특수관광업' 허가를 받아 영업을 하면서 면세주를 팔았다.

부평역사박물관이 2015년 실시한 한 학술조사에 따르면 한때 신촌 일대에는 20여 곳의 미군 클럽이 성업했다. 미군 주둔 이후 생기기 시작한 클럽은 에스컴이 현재의 캠프마켓Camp Market으로 축소되는 1970년대 중반까지가 전성기였다.

부평3동(신촌) 일대에는 기지촌일 당시에도 있었던 주택들이 남아있다. 양공주들은 주택에 세 들어 살았다.

현재 시점을 기준으로, 미군기지 땅이던 '2001아울렛 부평점' 건너편부터 경원대로를 따라 부평공원 쪽으로 드림보트클럽, 홍콩홀, 그린도어클럽, 아리랑클럽, 신일홀, 신장홀, 세븐클럽, 서브달러클럽, 맘보홀, 신세계클럽 등이 줄지어 영업하며 클럽거리를 형성했다.

부평미군기지가 축소되자 미군클럽도 하나 둘씩 문을 닫았고, 1990년대 중반에 완전히 사라졌다. 미군이 떠난 땅에 아파트단지 등이 조성되면서 신촌 클럽거리에 있던 건물은 대부분 철거되고 상가건물이 들어섰다. 드림보트클럽이 있던 부일식당 건물이 유일하게 자리를 지키고 있다.

부일식당은 약 190㎡ 면적의 1층 공간과 43㎡의 2·3층 공간을 가진 3층짜리 건물이다. 드림보트클럽이 영업할 당시 1층은 춤을 옛 드림보트클럽 모습. 바로 옆에는 흑인 전용 클럽인 송도홀이 있다. 드림보트는 백인전용 클럽이었다고 한다.(오른쪽) 드림보트클럽 화장실 문에는 '성병을 예방하는 최선은 콘돔을 사용하는 것. 여성과 나가기 전 매니저에게 문의하시오'라는 영어 문구가 적혀 있었다.(아래) [출처=nandupressfocus]

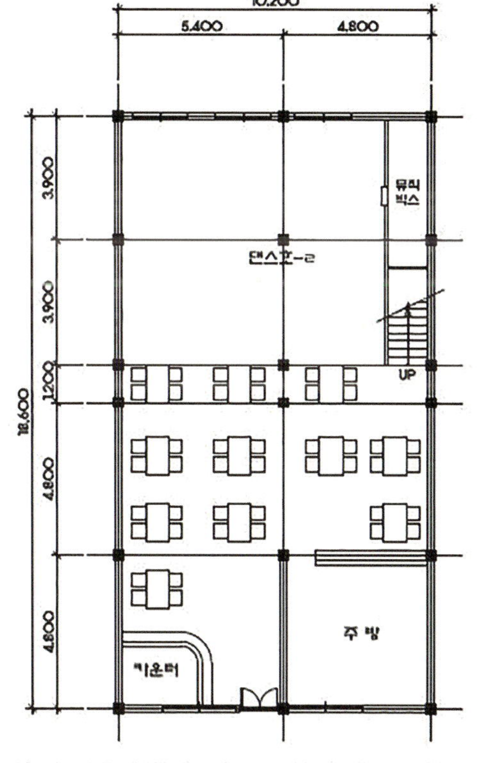

옛 드림보트클럽 평면도 [제공=부평역사박물관]

드림보트클럽 자리에 식당이 들어서면서 건물 내부는 대폭 개 보수됐지만, 바닥재와 기둥은 클럽 때 그대로다.

추는 무대와 10여 개의 테이블로 구성돼 있었고, 2·3층은 방으로 된 술집이었다. 이 일대 옛 건물 대부분이 불법 건축물이었다가 나중에 등록돼 언제 지은 건물인지는 알 수 없다.

부일식당 사장 한정철 씨는 1983년 이곳에 식당을 차리면서 건물 내부를 대폭 리모델링했는데, 클럽 바닥재와 2층으로 올라가는 계단 등은 그대로 남겼다.

드림보트클럽은 백인들만 출입하는 곳이었다. 드림보트클럽 바로 옆에는 흑인 전용 클럽인 송도홀이 있었다. 백인 전용 클럽에는 재즈와 로큰롤 음악을, 흑인 전용 클럽에는 소울 음악을 즐겨 틀었다고 한다. 상대적으로 규모가 컸던 드림보트클럽은 밴드가 라이브 연주도 했다.

미군들은 클럽에서 여성들을 만났다. 1969년 4월 한 신문 보도에 따르면 이 여성들이 미군과 하룻밤을 지내는 대가로 받는 돈은 시간에 따라 3~15달러 정도였다. 1950년대 말 경기도 내 기지촌에는 미군을 상대하는 여성이 약 5천 명이 있는 것으로 조사됐는데 이 가운데 부평이 1천500명으로 가장 많았다. 우리나라에서 성매매는 엄연한 불법이지만 이들에 대해서는 묵인하고 '관리'를 했다. 이들이 외화벌이 수단 중 하나였기 때문이다. 정부는 1961년 '유엔군 상대 위안부 성병 관리 사업계획'을 시행하고, 이 여성들을 경찰서 여경반에 등록해 매주 2회씩 성병 검진을 받도록 했다.

이들이 미군에 의해 살해당하거나 다치는 사건도 많았다. 1969년 5월 부평 기지촌 셋방에 살던 25세 여성이 목에는 전깃줄이 감기고, 온몸이 칼로 난자돼 숨진 채 발견됐다. 당시 20세의 미군 병사가 이 여성을 살해한 혐의로 구속됐다. 화대를 요구하며 동침을 거절했다는 게 여성을 살해한 이유였다고 한다.

이러한 사건들 때문에 이 여성들은 자치회를 조직해 미군기지에서 시위하는 등 집단행동에 나서는 일도 있었다. 1969년 9월 드림보트클럽에서는 미군과 몸싸움이 벌어졌는데, 싸움을 중재하려던 자치회장이 미군에게 머리채를 잡혀 미군부대 안으로 끌려 들어갈 상황에 처하자 100여 명 의 여성이 부대 정문으로 몰려가 '투석전'을 벌이기도 했다.

부평미군기지 땅이 80여 년 만에 반환을 앞두고 있는 가운데 부평 기지촌 역사의 중심에 있던 미군은 대부분 떠났고 클럽 주인이나 여성들이 공개적으로 당시를 회고하는 일은 거의 없다.

부평 신촌지역을 연구한 김현석 (사)시민과대안연구소 연구위원은 "일제강점기 조병창에서부터 미군 주둔까지 시대를 상징하는 기지촌을 역사 속에서 복원해야 한다. 기지촌의 흔적으로서 부일식당 건물이 가치를 지니는 이유이다"라고 말했다.

공원으로 꾸며진 '죽은 자의 거처' **청학동 외국인묘지**

다양한 매장문화 '산 교육의 현장'

'청학동 외국인묘지'는 개항과 뿌리를 함께하고 있다. 인천 중구 북성동에 있던 외국인묘지를 1965년 5월 25일 청학동으로 옮기면서 조성됐다.

『한국최초 인천최초』(인천역사자료관, 2005)에 따르면, 북성동 외국인묘지의 최초 매장이 1883년 7월이라고 한다. 대략 8천평(2만6천여㎡) 정도의 넓이였는데, 1941년 철도 부지로 5천평(1만6천500㎡) 정도 수용되고, 나머지에 묘역이 남아있었다. 하지만 남은 곳도 주위가 개발되면서 1965년 청학동으로 옮기게 된 것이다.

인천의 개항기와 근대화 시기를 경험하고 최후를 맞이해 이곳에 묻힌 66명(영국인 21, 미국인 14, 러시아인 7, 독일인 6 등 11개국)의 이양인들은 고적한 환경 속에서 잠들어 있다. 지키는 사람도 없는 조용한 묘지에 길과 계단으로 이뤄진 산책로 양쪽에 자리 잡고 있는 66명의 거처는 그들이 생전에 겪었을 경험만큼이나 다양했다. 이름이 다르고, 생몰연대가 다르듯 묘석의 형태도, 묘비에 쓰인 글귀도 모두 다르다.

평범한 작은 십자 묘석, 둥근 원 안에 십자가가 들어 있는 형태의 켈틱 십자가, 오벨리스크처럼 뾰족한 돌 조각상도 있다. 안에서 예배를 볼 수 있게끔 만들어진 석실이 있는 묘당도 있다. 묘비에 쓰인 글귀를 자세히 들여다보면 인천의 근대화에 이바지했던 인물들을 만날 수 있다. 성누가병원을 설립하고 수많은 인천 사람들에게 서양 의술의 혜택을 주다가 33세의 젊은 나이로 별세한 엘리 바 랜디스(1865~1898) 박사도 그중 하나다. 랜디스 박사의 묘엔 십자가형 비석이 우뚝 서 있다. 마치 조각품을 설치해 놓은 듯 이국적 정취를 느끼게 한다.

또한, 청국 외교관 출신으로 인천 해관에서 일을 하면서 구한말 외교분야에서 많은 공을 세운 우리탕吳禮堂(1843~1912)의 묘비도 있다. 그는 송학

청학동 외국인묘지에는 그 나라의 문화와 종교에 맞춰 평범한 작은 십자묘석, 둥근 원 안에 십자가가 들어 있는 형태의 켈틱 십자가, 오벨리스크처럼 뾰족한 돌 조각상도 있다.

동에 '오례당'이라는 화려한 독일식 별장을 짓고 살았는데, 이 건물은 당시 존스톤 별장과 더불어 인천항을 상징하는 아름다운 건축물이었다.

우리탕은 30년 가까이 이 별장에서 살다가 1912년 세상을 떠난 후 인천에 묻혔다. 별장도 소실됐다. 우리탕보다 20세나 적은 스페인 태생의 부인 아밀리아도 바로 옆에 잠들어 있다. 제물포구락부에서 플라멩고를 춘 것으로 알려진 아밀리아는 남편보다 24년 더 살다가 남편 곁에 묻혔다. 두 사람의 묘는 철제 테두리로 둘러싸여 있다. 이 밖에도 개항 후 인천에서 해외 무역을 주도했던 독일계 세창양행의 헤르만 헹켈, 타운센드 상회의 월터 타운센드 등도 잠들어 있다.

인천에는 청학동 외국인묘지의 전신인 북성동 외국인묘지 외에도 중국(청)인묘지, 일본인묘지가 각각 따로 있었다. 조계지 협약이 이뤄지기 전인 1860년대부터 외국인묘지가 하나둘 형성되고 있었다. 나라 간의 협약(조계지 협약) 이전에 이곳에서 활동하다가 죽은 외국인들이 묻힐 장소가 있어야 했다. 사람이 살 집이 필요하다면 죽은 자의 거처도 마련돼야 했던 것이다. 특히 석상으로 장식하고 공원처럼 꾸며서 산책할 수 있었던 외국인묘지는 우리를 비롯해 동양권의 시선으로 봤을 때 무척 특이한 것이었다.

『간추린 인천사』(인천학연구소, 1999)에서 외국인묘지와는 달랐던 중국인묘지와 일본인묘지에 대한 흥미로운 묘사 부분을 찾아볼 수 있다.

"도화동 옛 인천대 정문 일대의 청인 묘지는 여기저기에 지어 놓은 빨간 벽돌의 묘각이 기이한 데다 대낮에도 인적이 뜸해 분위기가 으스스했다. 그들은 장사를 지낼 때 예외 없이 누런 빛깔의 가짜 종이돈을 무덤 앞에서 무수히 불태웠다. 이승에서의 가난과 한을 서러워하며 저승길에서나마 노잣돈을 원 없이 쓰라며 통곡하던 모습이 지금도 눈에 선하다. (…중략…) 율목동의 일인묘지에는 그 자세한 내력을 알 수는 없으나 기괴하게도 한국인 마을 한가운데 일본인들의 묘지와 화장장까지 설치했다. 한동안 이곳에는 밤중에 도깨비불이 나돈다고 하여 초저녁부터 사람들이 얼씬조차 안 했다."

이처럼 주택과 마찬가지로 묘지 또한 다양한 매장문화를 통해 각국의 문화를 고스란히 보여주고 있다. 한편, 청학동 외국인묘지는 2017년 5월 22일 인천가족공원으로 이장되면서 그 역할을 다하고, 공원으로 재탄생했다.

5

강화, 과거와 미래를 잇다

강화 용흥궁 ● 강화 1928 가옥 ● 강화 솔정리 고씨가옥
대한성공회 '강화성당과 온수리성당' ● 교동향교
✚ 이야기 플러스 _ 교동 대룡시장

강화 '용흥궁'

유배 당시 철종이 거주한 초가집 헐고 1853년 새로 지은 집

사람이 살지 못한 집, 허수아비 임금 신세를 닮았다

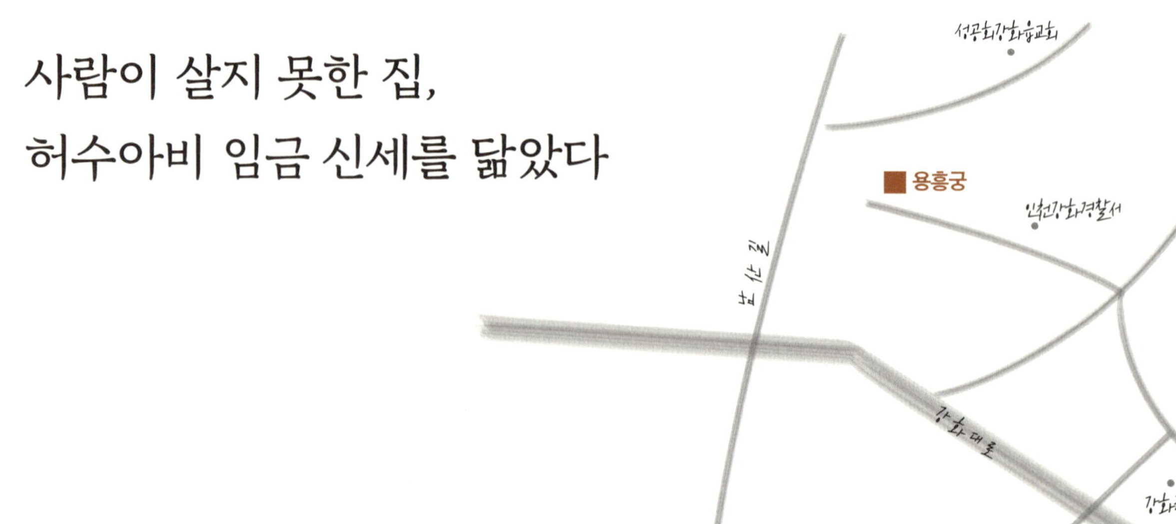

인천 강화도는 역사 속에서 '몽골군의 침략을 피한 39년간 고려의 전시수도', '조선 임금의 보장처保藏處(왕이 피난하는 곳)'로서 왕실과 깊은 연관을 가진다. 한 가지 덧붙이자면 강화도는 '대표적인 왕족의 유배지'이기도 하다. 고려에서 조선시대까지 강화도에서 유배생활을 한 왕이나 왕족은 30명이 넘는다. 고려의 수도 개성이나 조선의 수도 서울과 가까우면서도 섬이라는 지리적 특수성으로 감시와 통제가 상대적으로 쉽기 때문이다.

조선 제25대 임금 철종哲宗(재위 1849~1863)은 14세부터 19세, 왕위에 오르기 직전까지 강화도에서 유배생활을 했다. 집안이 역모에 몰렸기 때문인데, 유배중이던 죄인이 왕에 등극한 것은 고려와 조선역사를 통틀어 유일하다.

강화군 강화읍 관청리에는 철종이 머물렀던 '잠저潛邸' 용흥궁龍興宮(인천시 유형문화재 제20호)이 남아있다. 잠저는 새로 나라를 세우거나 반정으로 임금에 추대된 왕족, 임금이 아들을 두지 못해 종실에서 왕위를 잇도록 추대한 왕족 등이 임금이 되기 전 궁궐 바깥에 살던 민가를 일컫는다. 보통 임금이 된 후 권위를 세우기 위해 잠저를 다시 지어 '궁宮'으로 승격시켰다. 운현궁, 용흥궁 등이 바로 그것이다.

1

조선을 건국한 태조太祖(재위 1392~1398)의 함흥 본궁本宮과 개성 경덕궁敬德宮을 제외하면 조선시대 잠저는 대부분 서울에 있었으나, 제26대 고종高宗(재위 1863~1907)과 그의 아버지 흥선대원군興宣大院君(1820~1898)이 살던 운현궁雲峴宮 정도만 현재까지 서울에 남아있다. 용흥궁이 잠저로서 희소성을 지니는 이유다.

철종은 본래 가산이 거의 없이 이미 몰락한 왕족이었고 따라서 유배 중에도 땔나무를 하고 초근목피로 연명하며 매우 궁핍하고 고단한 생활을 했다고 한다. 따라서 그의 거처는 작고 초라한 초가집이었으나 왕위에 오른 후, 여기에 새로 집을 지어 용흥궁이라 이름한 것이다. 현재의 용흥궁은 철종이 즉위하고 4년이 지난 1853년 강화유수 정기세鄭基世가 기존 초가집을 헐고 지은 것이다.

철종이 임금으로 지목되자 서울로 모시기 위해 강화도로 온 봉영奉迎(왕을 모시는 것) 책임자인 판중추부사 정원용鄭元容은 강화유수 정기세의 아버지로, 부자의 공을 기리는 비석이 용흥궁 대문 앞에 나란히 세워져 있다.

고려궁지로 올라가는 비탈길 동쪽 골목 안에 위치한 용흥궁은 전형적인 조선 후기 사대부 살림집 유형으로 안채, 사랑채, 행랑채 등이 있다. 궁이기 때문에 여성의 공간인 안채는 내전, 남성의 공간인 사랑채는 외전이라고도 부른다.

2

3

4

5

1 철종어진 원본은 한국전쟁 당시 화재로 인해 3분의1 가량이 불에 타 소실돼 1987년 당시 한국전통미술인회 회장 최광수 박사에 의해 복원됐다. [제공=국립고궁박물관]

2 솟을대문(입구)을 들어서면 안채가 나오지만, 안마당에 친 중담이 가로막고 있다. 여성들의 공간인 안채를 외부인이 함부로 보지 못하게 보호하는 기능을 한다.

3 용흥궁 솟을대문 앞에는 철종이 왕으로 지목되자 강화도로 모시러온 판중추부사 정원용과 용흥궁을 새로 지은 강화유수 정기세의 공을 기리는 비석이 세워져 있다.

4 용흥궁 사랑채 옆 가장 높은 공간에는 용흥궁을 새로 짓기 전 철종이 살던 초가집 터임을 알리는 비석인 '철종조잠저구기(哲宗朝潛邸舊基)'가 세워져 있다.

5 용흥궁은 일반 한옥과 달리 궁궐의 양식이 섞인 부분이 있다. 안채 처마에 덧박공(널빤지를 덧댐)한 부분의 문양은 궁궐에서 쓰는 문양이다.

안채와 사랑채는 경기지방 한옥에서 볼 수 있는 'ㄱ자형'으로 집의 거의 모든 부분이 유교(주리론)적 법규를 모범적으로 따랐다는 게 전문가들의 평가다. 기와지붕 구성물 중 하나인 처마도리는 음양오행陰陽五行에 따라 사랑채는 하늘을 상징해 둥글게, 안채는 땅을 상징해 네모나게 처리한 것도 눈길을 끈다.

용흥궁 보수를 맡았던 문화재 보수 전문가 태인석(飛건설 대표) 씨는 "서울 운현궁처럼 화려하고 규모가 큰 잠저는 아니지만, 유교적 격식을 아주 잘 갖추고 당시 가장 좋은 목재를 써서 만든 집"이라며 "상량문上樑文(새로 짓거나 고친 집의 내력 등을 적어둔 글)을 보면 30~35년 주기로 보수를 했으나, 실제 사람이 살지는 않았던 것으로 보인다"고 말했다.

일반적인 조선 사대부 살림집은 대문을 들어서면 '바깥양반'이 머무는 사랑채가 나오고 '안주인'이 있는 안채를 사랑채 뒤편에 배치한다. 사랑채가 외부인으로부터 여성들의 공간인 안채를 보호한다는 의미다. 그러나 용흥궁은 사랑채를 안채 뒤편 구릉 위에 지은 특이한 구조다. 왕이 머무는 사랑채의 권위와 전망을 고려해 언덕 위에 배치한 것이다. 각 방에 딸린 툇마루가 적다는 점도 용흥궁이 사람이 살 목적으로 지은 집이 아니라는

유교적 법규를 모범적으로 따른 용흥궁 안채와 음양오행에 다른 사랑채의 처마도리

것을 알 수 있다. 용흥궁은 임금의 집인 까닭에 건축한 이후 다른 사람이 살지 않은 것으로 알려졌으며, 사람이 살았다는 기록도 전하지 않는다. 왕의 권위를 세우기 위해 만든 일종의 기념관인 셈이다.

현재 용흥궁은 철종의 아버지 전계대원군全溪大院君(1785~1841)의 5대손인 이해승李海昇(1890~?)의 후손 소유로 되어 있다. 일제강점기 일본 정부로부터 후작 작위를 받은 이해승은 2009년 대통령 직속 친일반민족행위진상규명위원회가 발표한 '친일반민족행위 705인 명단'에 포함된 대표적인 친일인사다. 용흥궁은 정부가 제기한 친일재산 환수 관련 소송이 진행되면서 '대한민국' 정부가 가압류한 상황이다.

철종은 강화도에서 평민과 다름없는 삶을 살았다. 『철종실록』에 실린 철종이 승하한 뒤 명순왕후가 쓴 행록行錄을 보면, 철종이 강화도에 살 때 동네에 행실이 못되고 사나운 사람이 있어 술에 취해 문밖에서 소란을 부리며 언사가 오만하기 그지없었는데 보위에 오른 뒤 굳이 문제 삼지 않았다는 내용이 나온다. 또 당시 강화유수가 철종을 감시하는 것이 매우 가혹해 집안사람들이 고통스럽게 생각했으나 임금이 되고 나서 그가 승지 후보에 오르자 낙점했다는 얘기도 실려있다. 철종의 너그러운 성품을 알리고자 하는 의도지만 강화도 시절 철종의 처지가 그만큼 딱했음을 알 수 있다.

이렇듯 몰락한 왕족이 하루아침에 왕이 된 것은 당시 실세인 외척 세도가문이 권력을 계속 유지하기 위한 '허수아비 왕'이 필요했기 때문이라는 시각이 많다. 1849년 헌종이 자식을 남기지 않은 채 세상을 뜨자 순원왕후는 강화도에서 유배 중인 왕족 이원범(철종)을 다음 임금으로 지목했고 불과 4일 만에 왕위에 올랐다.

당시 권력의 실세인 안동 김씨 김조순의 딸인 순원왕후는 철종이 즉위하고 3년간 수렴청정을 했다. 철종은 수렴청정이 끝난 후 왕권 확보 노력도 했으나, 끝내 세도정치를 극복하지 못하고 재위 후반기를 넘기며 국정에서 관심이 멀어졌다. 그는 결국 강화도를 떠나 왕위에 오른 지 14년 만인 1863년 33살의 나이에 이질을 앓다가 죽음을 맞이했다.

세도정치에 억눌려 임금이란 지위에 있었을 뿐, 그 역할은 제대로 하지 못했던 철종의 생애, 겉으로는 번듯하지만 집으로서 기능하지 못한 용흥궁과 무척이나 닮았다.

강화 1928가옥

1928년 황국현 씨가 지은 고택

동서양이 어우러진 두 얼굴 근대한옥, 문화를 융합하다

강화군 강화읍 남문안길 7(신문리 326)에 있는 이른바 '강화 남문 1928가옥'(황씨 고택)은 전통과 근대문물이 만난 '문화융합지대 인천'을 상징하는 근대한옥이다. 이름에서 알 수 있듯이 1928년에 건립되었고 40년 가까이 빈집으로 방치되어 있다가 최근 새 주인을 만났다. 그전까지는 굳게 잠긴 대문 안을 들어가 본 사람이 많지 않아 일반에 잘 알려지지 않았었다. 1928가옥이 건립된 당시에는 이미 서양 또는 일본 건축양식이 한옥에 스며든 때다. 이 집 역시 전통 한옥의 외양을 갖췄지만 '이국적인 디테일'을 곳곳에서 찾아볼 수 있다.

본래 집주인은 건립 당시 강화도 부농이었던 것으로 알려진 황국현이다. 그와 관련한 기록이나 자료가 없어 행적을 알긴 어렵지만 고급 목재(백두산 잣나무)를 사용하여 당시로선 최신식 주택을 지은 것으로 보아 상당한 재력가였던 것으로 추정된다. 현재 남아있는 1920~30년대 이 집에서 찍은 결혼식이나 잔치 사진에 등장하는 식구들의 말끔한 용모가 이를 뒷받침한다. 시대적 상황을 고려하면 집안 식구끼리 기념사진을 촬영했다는 자체가 '부의 상징'이다. 그래서 강화사람들은 이 집을 '황부잣집'이라고도 불렀다.

1928가옥은 80년 넘게 황국현의 후손이 소유했다. 집주인이 바뀐 것은 2012년 말 도예가 최성숙 씨가 황국현의 후손으로부터 집을 매입하면서다. 자연보호·사적보존을 위한 국제 민간단체인 '내셔널트러스트National Trust' 회원이기도 한 최성숙 씨는 강화도 일대에서 은퇴 후 머물기 위한 한옥을 4년 가까이 찾다가 이 집을 만났다.

그는 4년째 1928가옥을 건립 당시 원형 그대로 복원하기 위한 작업을 진행하고 있다. 이를 위해 황국현의 후손을 여러 차례 만나기도 했다. 최성숙 씨는 "88년이란 세월을 유지해온 집을 하루아침에 손댄다면 금방 망가질 것"이라며 "최소한 5년 이상은 집에 살아보면서 어떻게 복원하고 유지할 것인지 고민해야 한다"고 말했다.

1928가옥은 본채(사랑채), 문간채, 별당채, 곳간채로

1 대청마루에는 창문틀을 표구화한 그림 여러 장이 붙어 있다. 근대 이후 한옥 대청마루는 거실 또는 응접실 역할을 하면서 서구식 주거양식으로의 변화를 가져왔다.

2 2층 다락방 외관도 고풍스러운 장식으로 꾸며졌다. 다락의 규모는 일반적인 한옥보다 크다.

3 1928가옥 누마루는 전통한옥양식에 영국풍 유리창과 마룻바닥이 가미된 특징을 보인다.

2

3

구성돼 있었으나, 현재 본채와 문간채만 남았다. 아직 실측하지 않아 정확한 건축 규모는 알 수 없으나 대지 991.7㎡(300평)에 본채가 132.2㎡(40평) 면적이라고 한다. 본채는 'ㄱ'자 한옥으로 대청마루를 중심으로 오른쪽에는 사랑방과 누마루가, 왼쪽에는 2칸으로 나뉜 안방이 있다.

1930년대 초 촬영된 것으로 추정되는 사진 속 집의 지붕이 기와가 아닌 초가라는 게 눈길을 끈다. [제공=최성숙]

부엌 위에는 상당한 규모의 다락이 있는데, 다락 외부에 전통한옥에선 찾아보기 힘든 서양의 발코니 같은 난간이 설치된 독특한 구조다. 개방된 공간인 대청마루에 유리문을 단 것도 근대한옥에서만 볼 수 있는 특징이다. 누마루에는 영국풍이 결합됐다. 헤링본herringbone 무늬의 마룻바닥과 에칭기법(부식법)으로 다양한 문양을 낸 크리스털 유리문 등은 모두 영국식이다. 그런데 누마루에서 사랑방으로 통하는 들문은 전통 문살에 창호를 바른 우리식이다. 1900년 강화읍에 한옥성당을 지은 영국 성공회의 영향인 것으로 추정된다. 헤링본 무늬 마룻바닥은 대청마루에서도 나타난다.

건립 당시 사진을 보면, 이 집의 지붕은 기와가 아닌 초가지붕이었던 점이 수수께끼다. 고급 재료를 사용하고, 당시 최신 인테리어를 적용한 한옥의 지붕이 초가지붕이었던 것에 대해 현 집주인 최성숙 씨는 "주변 대부분 주택이 초가집이었기 때문에 자신의 부를 애써 드러내지 않는 겸손의 의미로 초가지붕을 올린 게 아닌가 생각된다"며 "전문가의 연구가 필요하다"고 했다.

1928가옥에 얽힌 수많은 강화도 이야기는 집의 매력을 더한다. 이 집의 본래 주인이던 황국현은 슬하에 1남 2녀를 뒀다고 한다. 황 씨의 첫째 사위는 김근호金根鎬(1907~?) 씨로 선박회사인 동양기선 전무와 배재학당 이사장을 지냈다. 그는 1934년 강화도에 처음 전기를 공급하고 전화를 설치하는 데 큰 역할을 한 인물이기도 하다. 이는 수공업 형태로 이뤄지던 강화도 직물산업이 근대적 기틀을 갖추고 국내 최대규모로 성장하는 계기가 됐다.

김근호 씨는 일제강점기 강화도에서 활발했던 청년운동과 소년운동에

백범 김구 선생이 1946년 11월 강화도 방문 때 1928가옥에 들러 지역 유력 인사들과 함께 찍은 사진(왼쪽)과 황국현의 장례식 모습 [제공=최성숙]

도 적극적으로 관여했던 것으로 보인다. 한국전쟁 때 서울 자택에서 북한군에게 피랍된 것으로 알려진 김근호 씨는 2012년 정부 6·25납북진상규명위원회에 의해 납북자로 공식 인정됐다.

백범白凡 김구金九(1876~1949) 선생이 1946년 11월 강화도에 방문했다가 1928가옥 앞에서 지역 유력인사들과 찍은 사진도 아직 남아있다. 김구는 1896년 황해도 안악군 치하포에서 일본의 명성황후 시해에 대한 보복으로 일본인 쓰치다를 죽인 '치하포 사건'으로 사형 선고를 받고 인천감리서에서 옥살이를 했다. 당시 강화도에 사는 김주경(김득경)은 재산을 기울여가며 김구의 구명운동에 나섰다. 인천감리서에서 탈옥한 김구는 1900년 김주경을 만나러 강화도에 갔지만 만나지 못하고 3개월간 강화에 머물며 아이들을 가르쳤다.

『백범일지』에 따르면 해방 후 귀국한 김구가 가장 먼저 수소문을 한 사람 중 하나가 김주경이다. 해방 후 김주경과 관련한 사람들을 찾아 강화에 온 김구가 김주경의 집이 있던 자리에 지은 1928가옥을 찾은 것이다. 강화도는 김구가 독립운동가 유완무를 만나 그의 권유로 이름을 '김창수'에서 '김구'로 바꾼 곳이기도 하다.

집주인 최성숙 씨는 조만간 1928가옥에 대한 '한옥 문화체험 프로그램' 운영을 시작해 집에 대한 소개와 집에 얽힌 이야기들을 풀어낼 계획이다. 그는 "예약을 통해 정해진 시간에 제한된 인원에게 집을 공개할 생각"이라며 "집의 원형과 역사를 함께 보존해 100년을 넘어 200년을 버텨낼 한옥으로 가꿀 것"이라고 했다.

김창수 인천발전연구원 인천도시인문학센터장은 "인천의 특성이라 할 수 있는 문화융합을 건축으로 구현한 사례이다. 건축물 자체는 물론 살았던 사람에 대해 주목할 가치가 충분하다"고 말했다.

강화 솔정리 고씨 가옥

인삼 무역업을 했던 고대섭이 1941년 건축

강화 3대 부잣집, 그 넉넉함이 묻어나는 한옥의 매력

과거 농촌에서는 '방앗간'과 '양조장'을 부富의 상징으로 여겼다. 곡식이 귀했던 시절, 거친 벼가 하얀 쌀로 태어나는 방앗간과 밥으로도 귀한 쌀이 술로 제조되는 양조장은 풍요로움을 의미했던 것이다. 강화도도 마찬가지였다. 강화도에는 홍씨, 김씨, 고씨 등 3대 부잣집으로 일컫는 부자들이 있었다.

방앗간과 양조장을 운영했던 강화 고씨高氏가 살던 '강화 솔정리 고씨 가옥'도 이 중 하나다. 인천 강화군 송해면 강화대로 674번길 23의 4에 위치한 고씨 가옥은 강화고인돌체육관에서 강화대로를 따라 600여m를 가다 송해우체국을 지나 우측으로 200여m를 가다 보면 넓은 대지 위에서 모습을 드러낸다. 이 집은 강화 출신으로 일제강점기 일본과 중국 등으로 인삼 무역을 했던 고故 고대섭이 1941년 지은 걸로 알려져 있다. 고대섭의 증손자 고영한 씨로부터 고씨 가옥에 대한 상세한 내력을 들을 수 있었다.

고영한 씨는 "증조부께서 인삼무역을 하면서 중국, 일본 등을 비롯해 서울, 개성, 제주도 등 국내외를 많이 다니셨다고 들었다. 증조부께서 어느 날 개성에 사업차 방문을 했다가 봤던 집이 마음에 들어서 그 집과 똑같이

지었다고 하더라" 고 설명했다. 고씨 가옥은 목조로 지어진 주택으로, 전통적인 한옥에 일본식 건축양식이 도입됐다는 평가를 받는다.

고씨 가옥은 솟을대문을 중심으로 이어진 담장을 따라 좌·우측 등 3면에 문을 냈고, 안쪽으로는 마당을 중심에 두고 '기역(ㄱ)'자 형 안채와 '니은(ㄴ)'자 형 사랑채 등이 둘러싼 '튼 미음(ㅁ)'자 한옥을 하고 있다. 솟을대문과 맞닿아 있는 곳에는 과거 방앗간으로 사용했다는 청색 슬레이트의 지붕 건물이 있다. 현재 이 건물은 창고로 사용되고 있다. 솟을대문 안으로 들어가면 '니은(ㄴ)'자 형태의 사랑채가 나타나는데, 사랑채에 있던 누마루는 수십 년 전 화재로 소실됐다.

고씨 가옥을 지을 때 사용한 돌과 상량문 등의 목재는 황해도에서 공수

강화 솔정리 고씨 가옥은 개성에 있는 한옥을 본 따 만들었다고 전해진다. 화려한 창틀과 별도의 목욕시설 등을 갖추고 있었던 점을 미뤄봤을 때 고대섭 씨가 상당한 재력이 있었던 것으로 짐작된다. 사진은 왼쪽부터 중정, 욕실, 안방과 부엌, 대청 등이다.

1

2

했다고 한다. 고영한 씨는 "증조부께서 집을 짓기 위해 건축 재료를 전부 황해도에서 배로 실어 날랐다고 한다. 당시 건축 자재를 실어 날랐던 사람들에게 '배를 타고 오는데 이 집을 지을 터에서 도깨비 불빛이 올라와 돈을 많이 벌겠구나 하는 우스갯소리를 했다.'는 이야기를 들었다"고 말했다.

고씨 가옥은 안채를 중심으로 사랑채와 행랑채 사이에 중정中庭을 드나드는 출입구가 있다. 또 다다미가 깔렸던 일본식 다실茶室도 있다. 마당에는 깊이가 10m가량의 우물이 있었고, 그 우물을 가리는 역할을 하는 '기역(ㄱ)'자 형태의 가림벽이 세워져 있었다. 이 가림벽은 외부에서 우물에서 빨래 등을 하는 여성들을 볼 수 없게 가리는 역할을 했다고 한다.

고씨 가옥의 특징 중 하나는 땅을 2m

가량 파낸 후 지은 점이다. 기단 아래에 펼쳐진 지하 공간에는 각 방 아궁이가 있었으며, 사람 한 명이 간신히 지나갈 수 있는 공간이 집을 따라 이어져 있었다. 고씨 가족은 한국 전쟁 당시 지하에 숨은 뒤 내려오는 계단을 철문으로 봉쇄하고 있었다는 이야기도 했다. 아울러 고씨 가옥의 별채에는 서양식 목욕시설도 설치돼 있는데, 설치연도는 정확하지 않다. 지름 1.5m 규모의 무쇠솥이 마치 지금의 현대식 욕조와 같은 역할을 했다. 건물 밖에서 아궁이에 불을 지펴 물을 데울 수 있었다.

고영한 씨는 "증조부께서 방앗간을 하신 뒤로 양조장, 인삼재배, 직조공장 등을 크게 하면서 사업이 번성했다고 옛 어른들에게 이야기를 들었다. 당시 강화도에 이 정도의 집을 짓고 사는 사람들이 얼마나 있었는지는 모르지만, 이 집을 대궐로 불렀다는 이야기도 들었다"고 말했다.

도윤수 동국대학교 불교건축문화연구소 연구원은 "강화 솔정리 고씨 가옥은 기존 강화에 토착 세력이 거주했던 집에서는 보기 어려운 부유한 건축 양식이 눈에 띈다. 창문이나 난간 등에 장식을 한 것들이 서울이나 개성 등 특정 지역의 부유한 상인들의 집에서 찾아볼 수 있는 장식들이다"라고 말했다. 이어 "강화의 기존 민가들은 집 안에 창고를 들일 만큼 집을 크게 짓지 않았는데, 고씨 가옥은 담장 내 방앗간과 양조장 등을 운영했던 건물을 보유하고 있을 만큼 부를 축적했던 것으로 보인다"고 설명했다.

또한, 그는 "강화도가 고인돌과 돈대를 중심으로 한 관방유적 등을 중심으로 역사적 평가가 많이 이뤄지고 있는데, 내륙과 달리 선사시대 때부터 강화에서는 건축 행위가 끊이지 않았다는 점도 특기할 점이다. 강화에 있는 주택들을 개별 건축물로만 볼 것이 아니라 역사적 흐름에 따라 어떻게 변화했는지 조명할 필요도 있다고 본다"고 강조했다.

고씨 가옥은 전통적인 한옥에 일본식 건축 양식이 혼합되면서 당대 시대상을 반영하고 있다는 평가를 받아 지난 2006년 인천광역시 유형문화재 제60호로 지정됐다.

고씨 가옥의 특징 중 하나는 땅을 2m가량 파낸 후 지은 점이다.

1,2 고씨 가옥의 내외부 모습

3 고씨 가옥의 기단 아래에 펼쳐진 지하 공간에는 각 방 아궁이가 있으며 사람 한 명이 간신히 지나갈 수 있는 공간이 집을 따라 이어져 있다.

최초의 '한옥 성당'
한국문화에 스며든 서양종교

교회나 성당, 사찰 등의 종교 건축물에는 민초들의 삶이 고스란히 녹아있다. 인천 강화에 있는 대한성공회 강화성당과 온수리성당은 100년 전 모습을 거의 온전히 유지하고 있다. 두 성당은 개항기 근대 한국에 유입된 외국 종교 가운데 하나인 성공회의 한국 정착 과정과 당대의 시대상을 고스란히 보여주는 건축물이다.

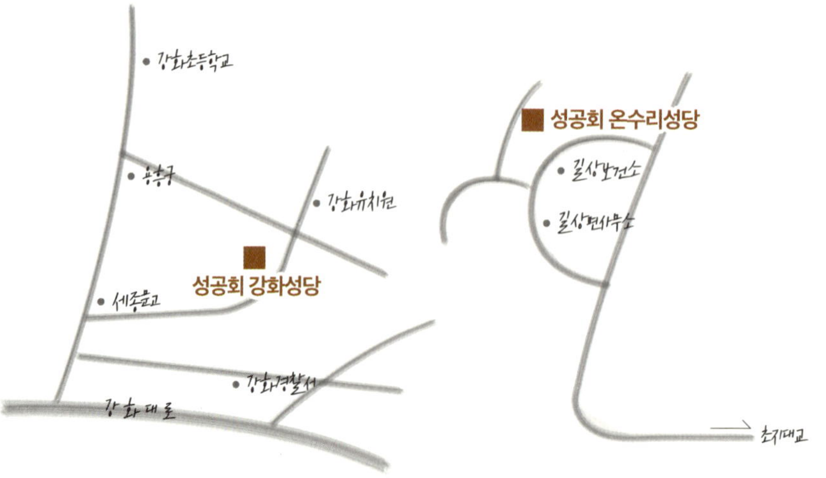

부동산
934-0650

한국 최초의 한옥 성당, 대한성공회 강화성당

인천 강화군 강화읍에 있는 대한성공회 강화성당은 '성베드로와 바울로성당'으로도 불린다. 1900년 지어진 국가지정 문화재(사적 242호)인 이 성당은 언뜻 보면 불교 사찰로 착각할 정도로 한국적이다. 성당 외부는 한식 기와가 얹힌 전통 한옥 양식이다.

외관에 비해 성당 내부는 서양의 교회 건축 양식인 '바실리카 양식'에 따라 지어져 서구 기독교가 한국 문화를 거스르지 않고 토착화된 모습을 잘 보여준다. 영국 성공회는 초기 선교 거점으로 강화를 택했다. 강화도가 영국 성공회의 뿌리가 된 지역인 스코틀랜드 서안의 아이오나Iona처럼 한국의 성지가 되기를 바라는 마음에서였다.

성공회는 같은 선교지역에서 다른 교단과 마찰을 일으키며 경쟁적인 선교를 펼치는 것을 원치 않았다. 당시 강화도는 여타 종교의 선교가 많이 이뤄지지 않은 지역이기도 했다. 강화성당은 1890년 성공회를 전파한 찰스 존 코프(1843~1921) 주교에 의해 지어졌다. 성공회의 강화도 선교는 1893년 영국인 워너 신부가 갑곶리에서 작은 초가집을 사들이며 시작된다. 후임으로 온 트롤로프 신부가 강화성내로 선교본부를 옮겨 전도활동을 펼치던 중 교세 확장에 따른 필요로 1900년 11월 15일 지금의 성당이 건축된다.

1

2

현재 성당이 자리 잡은 터는 배 모양으로, 성서에 나오는 구원의 방주를 상징적으로 표현했다. 250명의 신자를 수용할 수 있는 40간 규모이다. 건물 외형은 전통 한옥 고건축 기법을 따랐지만 내부는 서양식 방식을 택했다. 성공회 강화성당은 한국 최초로 한옥양식을 도입한 성당이라는 점에서 가치가 있다.

서양종교와 한국문화의 조화를 이루는 모습은 강화성당 곳곳에서 발견된다. 성당의 정문에서도 이 땅과 어울리려는 의도를 엿볼 수 있다. 성당

1 뒤에서 바라본 성공회 강화성당

2 강화성당 건립 초기(1906년)의 강화읍 전경(출처=『사진으로 본 대한성공회백년』)

3 성공회 강화성당의 내부

중앙문 정문에는 태극무늬가 발견되고 그 무늬 안에 십자가 모양을 새겨 넣었다. 성당의 종을 보관하는 '종각'의 기능을 하는 내삼문에 있는 종은 사찰의 범종의 모습을 하고 있다.

지붕의 서까래에서도 연꽃문양을 볼 수 있다. 강화 성당의 목재는 백두산의 적송을 썼다고 전해진다. 이 백두산의 적송을 뗏목으로 강화까지 옮겼다. 경복궁 재건으로 서울 주변의 목재가 부족하자 멀리 백두산에서 찾았다고 한다. 재단이나 세례대 등에는 강화산 화강암이 사용됐다. 성당의 유리나 벽돌은 일본, 중국 등에서 들여왔고 성당에 있는 4개 출입문은 영국에서 보내왔다.

4대가 넘게 강화에서 살고 있는 강종훈 신도회장은 "한국 최초의 한옥 성당이라는 점 때문에 각지에서 매년 4만 명이 성지순례 차 방문하고 있다"며 "이러한 성당의 가치를 보존해야 한다"고 말했다.

교인들의 힘으로 지은 최초의 성공회 성당 온수리성당

강화군 길상면 온수리에 있는 온수리 성당은 인천시 유형문화재 52호로, 1906년 지어졌다. 단아하고 아담한 한옥 양식이 보존된 한국형 교회건축양식이라는 가치를 인정받아 지난 1997년 인천시문화재자료 15호로, 2003년에는 인천시 유형문화재로 지정됐다.

온수리 성당 역시 강화읍 성당과 마찬가지로 기와를 얹은 전통 한옥 양식으로 지어졌다는 공통점이 있다. 하지만 온수리 성당은 오로지 이 지역 평신도들의 힘으로만 지어졌다는 점에서 차이가 있다. 이 성당은 선교단체나 교단의 도움 없이 평신도들의 힘으로 지어진 한국 최초의 성당이다.

성공회가 강화에 선교를 시작한 것은 1893년 7월로 거슬러 올라간다. 워너 신부가 먼저 강화읍 갑곶리에서 고아와 거지들을 추스르며 교리와 신앙을 심었다. 1897년 로스가 난저골로 불리던 강화 온수리에 진료소(약국)를 설치하고 진료와 함께 선교사업을 전개했다. 1898년 1월부터 9개월간 여러 마을의 242가정을 돌아보면서 3천528명의 환자를 진료하고 수술이 필요한 환자는 서울로 보냈다고 한다. 난저골은 온수리 장터에서 1㎞정도 떨어진 곳으로 그 이전부터 천주교인이 은거했던 지역으로 전해오는 곳이다. 로스는 초기 이곳과 강화읍을 왕래하면서 진료 사업을 계속하다 1900년에는 이곳으로 완전히 이동해 진료와 전도사업에 전력했다. 의사 로스의 헌신적인 활동으로 명성이 높아지면서 환자들이 먼 거리를 마다치 않고 치료를 받으러 왔고 그를 찾아온 환자는 대체로 신자가 됐다고 한다.

성공회 온수리성당 내부(위)와 항일운동을 벌여 옥고를 치르다 1945년 감옥에서 순국한 온수리성당 신도 김여수(마태) 독립운동가 순국비(왼쪽 아래), 온수리성당의 성안드레 성당(아래)

로스의 의료 활동에 힘입어 1906년에는 영세 희망자가 100명이 넘을 정도로 교세가 성장했다. 더 넓은 공간이 필요하게 되자 그해 쓰던 성당을 헐고 새로 15간의 성당을 건축하기로 계획을 세운다. 하지만 교인들의 열성과 특별헌금으로 원래 교구가 계획한 규모보다 약 배가 늘어난 27간의 전통 한옥으로 성당을 만든다. 로스의 헌신적인 의료선교 활동에 자극받은 평신도들이 땅을 기증하고 특별 헌금을 내어 마련된 건축비로 새 성당을 짓게 된 것이다.

이처럼 온수리성당은 강화읍성당이나 다른 지역의 교회와 달리 시작에서 축성까지 평신도들의 힘으로 이뤄낸 대한성공회 최초의 성당이다. 온수리성당은 전통 목구조 형식으로 정면 3칸, 측면 9칸으로 용마루 양끝에는 십자가가 보인다. 건물 정면 처마 밑에는 연꽃문양의 십자가가 새겨져 있다. 진흙 연못에서 화려한 꽃을 피우는 것처럼 성서적 의미를 담았다.

온수리성당 김영희 관할사제는 "전통문화를 존중하며 정착하려는 성공회의 노력으로 지역 사람들의 마음을 파고들며 신도들의 자발적인 참여를 이끌어냈다. 이러한 노력은 선교와 신앙에 시사하는 바가 크다"고 강조했다.

교동향교

1127년 화개산 북쪽 건립… 1741년 현 자리로 옮긴 후 9차례 중수

최초로 공자상을 모신 한국유교 성지 전학후묘의 전형적 유교식 건축

인천 강화군 교동도에 있는 교동향교(인천시 유형문화재 제28호)는 고려 때 우리나라 최초로 공자孔子의 상像을 모신 한국 유교의 성지다. 향교는 유교이념을 보급하기 위해 나라에서 세운 공립 지방교육기관이자 유교의 선현들에게 제례를 올리는 제향공간이다. 16세기 중엽부터 생긴 서원은 기능은 향교와 유사하나 사립교육기관이다. 고려 말과 조선시대 사람들은 마을 서당 등에서 천자문 같은 기초 학문을 익힌 뒤 향교에서 당시 고등교육기관인 성균관에 입학하기 위한 소과小科 응시준비를 했다.

고구려는 국립교육기관인 태학을 운영하는 등 유학은 삼국시대부터 이미 우리나라에 들어와 있었지만 조선의 통치이념인 성리학이 우리나라에 보급되기 시작한 것은 고려 말이다. 유학자 안향安珦(1243~1306)은 고려 충렬왕 12년인 1286년 왕을 따라 원나라 연경, 오늘날의 베이징에 가서 공자와 주자朱子의 상과 함께 『주자전서朱子全書』를 필사해 우리나라로 들여왔다.

안향이 그려온 우리나라 최초의 공자상을 수도 개경으로 가지고 가기 전 임시 봉안奉安했던 장소가 바로 교동향교다. 이후 안향은 김문정金文鼎 등을 보내 원나라에 가서 선현들의 상과 제기祭器를 구해오도록 하고

이 또한 교동향교에 임시 봉안했다. 교동향교에 임시 봉안했던 공자상 등은 1303년 개경으로 옮겨진 것으로 알려졌다. 공자와 유교 성현을 받드는 사당을 문묘文廟라고 하는데, 교동향교는 처음으로 공자를 모셨다 하여 '수묘首廟'라 불렸다.

공자상이 맨 먼저 교동향교로 들어온 까닭은 서해에서 배를 타고 수도 개경으로 들어가는 예성강 입구에 위치한 교동도의 지리적 특성 때문이다. 이러한 특성은 교동도를 군사요충지이자 해상무역의 거점으로 만들기도 했다. 교동도에는 예로부터 우리나라 수도로 가는 중국 사신을 응접하는 중간 기착지인 대빈창待賓倉이 있었다.

교동향교가 생기기 전에도 교동에 중국 사신이 공자에게 제를 올리던 문묘가 있었다. 교동향교는 1741년 화개산 남쪽의 현재 위치로 옮긴 이후 9차례 중수했다. 향교를 옮긴 이유에 대한 기록은 없으나, 관청이 화개산 북쪽인 구읍리에서 남쪽의 읍내리로 옮기면서 향교도 따라온 것으로 추정된다.

제향공간인 대성전을 중심으로 좌우에 동무와 서무가 배치돼 있다.

입구인 홍살문紅箭門을 지나 교육공간인 명륜당明倫堂과 기숙사 역할을 한 동재, 서재가 전면에 배치됐다. 명륜당 뒤로는 제향공간인 대성전大成殿이 가장 높은 축대에 위치해 건축적 위계를 확실히 하고 있고 성현의 위패를 모신 동무, 서무가 축대 아래 좌우로 배치돼 있다. 동재 뒤쪽 구석에는 제기고가 있다.

향교건축에서는 교육공간이 앞에 있고, 제향공간이 뒤에 있는 구성을 '전학후묘前學後廟' 배치라 하는데, 교동향교는 이를 모두 충족하는 전형적인 유교식 건축물이라는 게 전문가들의 평가다. 대지 경사에 맞춰 건물 간 위치를 설정하고 기단이나 계단을 처리한 것이 돋보인다. 교육공간인 명륜당은 중앙 2칸에 강의실 격인 당堂을 두고, 좌우에 방을 만든 팔작지붕 건물이다. 제향공간인 대성전에는 5성위(공자·안자·증자·자사·맹자)와 안향, 이황, 이이 등 우리나라 동국 18현을 비롯해 유학의 선현 25위를 봉안하고 있다.

홍살문 옆에는 하마비下馬碑가 있는데, 대부분 향교의 하마비에는 '대소인원개하마大小人員皆下馬'라고 적

1 옛 학생들은 국가가 운영하는 최고교육기관인 성균관에 입학하기 위해 '소과'를 치러야 했다. 지방 학생들은 소과 준비를 위해 향교 명륜당에서 공부했다.

2 교동향교의 책임자인 방형길 전교가 제례를 지낼 때 입는 전통복장을 살피고 있다. 교동향교는 현재까지도 제례 등 유림회 활동이 활발하다.

3 공자를 비롯해 유교 선현들의 위패를 모신 대성전 내부.

혀있다. 지위의 높고 낮음을 떠나서 공자를 모신 향교 입구에서는 모두 말에서 내리라는 뜻이다. 그러나 교동향교 하마비 문구는 독특하게도 '수령변장하마비守令邊將下馬碑'이다. 수령과 군사 우두머리인 변장은 말에서 내리라는 뜻이다. 조선시대 교동도에는 경기·충청·황해도 등 삼도의 수군을 총괄하는 삼도통어사가 설치되는 등 수도 한성을 지키는 해상 군사요충지였기 때문에 섬에서 지위가 높은 사람 대부분은 군인이었다. 교동향교 하마비가 다른 지역 향교와 다른 이유다.

향교 대성전 서쪽에는 '성전약수'라는 이름의 약수터가 있다. 이 물을 마시고 '문성文成'을 이룬 사람이 많다는 얘기가 전해 내려오는데, 안타깝게도 교동지역 가뭄으로 3년 전부터 약수터에 물이 말라버렸다.

교동도는 우리나라 유교의 초창기부터 유서 깊은 향교를 두었으므로 예로부터 교육열이 엄청나게 높았다고 한다. 그래서 교동도를 '문향文鄕'이라고도 칭했다. 교동도 토박이이자 향토사학자인 한기출 교동역사·문화발전협의회장은 "교동에서는 집집마다 가장이 전부 유림이라 해도 과언이 아닐 정도로 마을 사람들이 유학에 조예가 깊었고 황해도나 경기도 지역에도 교동 출신 훈장이 많았다고 한다. 현재도 교동 출신 중에는 관료나 정치인보다 교육자가 더 많다"고 말했다. 1954년 개교된 교동중학교는 당시 학교건물이 없어 3년 동안 향교의 동무와 서무를 교실로 쓰기도 했다. 전 시대의 교육기관이 현대교육에까지 이어진 흥미로운 역사이다.

교동향교는 현재도 인천의 다른 향교보다 유림회 활동이 활발하다. 교동유림회 회원은 약 150명인데, 교동면 인구가 3천명 가량인 것을 고려하면 적지 않은 숫자이다. 향교는 음력 8월 상정일上丁日에 1년 중 가장 큰 제사의식인 석전대제釋奠大祭를 지내고 매달 초하루(음력 1일)에는 분향례를 지낸다. 유림회 활동을 활발하게 하는 사람이 많다 보니 석전대제 등 제사 때마다 제관이 매번 바뀌는 것도 교동향교의 특징이다.

교동향교 책임자인 방형길 전교는 "매달 초하루 분향례에만 20~30명 유림이 오고, 주말이면 향교에 나와 서예 등 방문객 체험프로그램을 돕는 사람도 많다. 교동향교는 우리나라 유교의 성지로서 순례자들도 많이 찾고 있어 오늘날까지 활발하게 이용되는 향교 중 하나다"라고 소개하였다.

교동 대룡시장

피란민은 실향민이 되고 장터는 삶의 터전이 되었다

인천 강화군 교동도에 있는 대룡시장은 태어날 적 모습을 고스란히 간직하고 있는 전통시장이다. 시장 건물들은 딱히 새 단장을 하지 않은 채로 60년 넘게 가게를 지켜온 상인들과 함께 나이를 먹었다.

대룡시장은 국내 대표적인 실향민 장터다. 한국전쟁 때 교동도에는 황해도 연안지역에서 3만여 명의 피란민이 내려왔다고 한다. 피란민들은 고향으로 돌아가기 위해 교동도에 머물며 전쟁이 끝나길 기다렸으나, 분단 현실이 결국 그들을 '실향민'으로 만들었다. 실향민 상당수는 교동도를 떠났지만, 고향을 마주하고 싶은 사람들은 섬에 남아 삶의 터전을 일궜다.

교동도에서 농토가 없는 실향민들은 생계수단으로 상업을 택했다. 그렇게 시작된 장마당이 지금의 대룡시장으로 커갔다. 40곳 남짓한 점포가 들어선 시장 건물들 대부분은 한국전쟁 이후 세워진 것이다.

시장이 형성되기 이전에도 교동도에는 꽤 큰집에 속하는 2층짜리 일본식 주택들이 있었다. 대룡시장은 일본식 건축물 양옆으로 1층짜리 점포를 다닥다닥 증축, 신축해가며 규모를 키웠다. 시장사거리 안쪽으로도 1층 건물들이 들어서면서 곳곳에 시장골목을 만들었다. 해방 이후 교동면사무소가 읍내리에서 대룡리로 옮겨가면서 시장 일대가 섬의 중심지가 됐다. 현재 면사무소는 교동초등학교 근처로 신축·이전했다.

실향민들이 대룡리에 많이 모여 살게 된 까닭은 한국전쟁 때 피란민 연락소가 있었기 때문이다. 그러나 한국전쟁 전까지만 해도 교동도에는 장터가 없었다. 교동도 주민들의 생활권은 황해도 연백군 연안읍이어서 큰 장터가 있는 연안읍으로 장을 보러 갔다. 교동도에서 연백군은 배를 타면 10분이 채 걸리지 않고 썰물 때는 헤엄쳐서 갈 수 있을 정도로 엎어지면 코 닿는 거리다.

섬마을의 낡아빠진 건축물들이 모인 공간으로 여겨질 수도 있는 대룡시장은 건물마다 자리 잡은 오래된 가게들과 함께 어우러지며 진정한 가치를 생산하고 있다. 이발소, 정육점, 잡화점, 시계방, 약국, 양복점, 신발가게, 철물점, 다방 등 저마다 수십 년의 연륜을 물씬 풍기는 가게들의 낡음에서 정겨움이 묻어났다.

교동도 토박이인 나의환 할아버지가 50년 넘게 운영하고 있는 동산약방에서는 가게와 나이가 같은 유리창 달린 하얀색 약장이 향수를 불러일으킨다. 나의환 할아버지는 "과거 시장이 클 때는 약방이 다섯 군데나 있었는데, 지금은 우리 약방만 남았다"고 했다.

대룡시장은 새마을운동의 일환으로 농촌 근대화사업이 활발하던 1970년대에 호황을 누렸다. 교동도 곳곳에서 저수지와 방조제 공사가 활발하게 이뤄지면서 건설인력이 섬으로 대거 몰려왔다. 현재 3천명에 못 미치는 교동도 인구가 1975년에는 1만1천200여 명에 달했다.

대룡시장 한가운데에는 1970년대 호황기 때 지어진 시장에서 가장 큰 건축물이자 가장 젊은 축에 속하는 옛 교동상회 건물이 있다. 당시 '교동에서 살 수 없는 물건은 교동상회에 있다.'는 말이 있을 정도로 규모가 큰 상점으로 '교동도의 백화점' 역할을 했다고 주민들은 기억하고 있다. 지금은 1층에는 빵집이, 2층에는 다방이 영업하고 있다.

대룡시장을 이끌어온 주역인 실향민 1세대들이 최근 하나둘씩 세상을 뜨면서 시장이 활력을 잃어가고 있다. 연백군에서 피란 나온 신발가게 주인은 2015년 봄 별세해 가게 문이 닫혔다. 인근에 있는 황해도 출신 노부부가 운영하던 문구점도 2014년부터 주인을 잃은 빈 점포로 남아있다. 교동도의 마지막 시계방을 운영하던 1939년생 황세환 할아버지는 2016년 4월 세상을 떴다. 시계방 출입문 유리 위에는 누군가가 황 할아버지를 추억하기 위해 할아버지 사진이 담긴 종이를 붙여놓았고 문이 굳게 잠긴 가게 안에는 각종 시계와 수리기구들이 그대로 자리를 지키고 있다.

연백식 냉면을 파는 대풍식당 같은 일부 가게는 실향민 2세대가 이어받아 계속 운영하고 있지만 앞으로 대룡시장의 빈 점포는 점점 늘어날 것이다. 시장을 보존하고 활성화할 대책이 시급한 시점이라는 목소리가 높아지고 있다.

부록

하늘에서 바라본 인천 고택

해안동창고 일대

세관창고

제물포구락부와 인천역사자료관

자유공원 일대

창영초등학교

영화초등학교

화교학교와 회의청

답동성당

관동갤러리 일대

참고문헌

『간추린 인천사』, 인천학연구소, 1999
강경애, 『인간문제』, 창비, 2006
경인일보특별취재팀, 『격동 한 세기 인천이야기』, 다인아트, 2001
고 일, 『인천석금』, 주간인천사, 1955
『구 일본우선주식회사 인천지점: 기록화조사 보고서』, 한양대 건축학과 동아시아 건축역사 연구실, 2008
김탁환, 『뱅크』, 살림, 2013
『모던의 유혹 모던의 눈물』, 생각의 나무, 노형석, 2004
『문학산의 역사와 문화유적 보고서』, 인하대박물관, 2002
손장원, 『손장원의 다시 쓰는 인천근대건축』, 간향미디어랩, 2006
와가와 유조 편저, 김창수·전경숙 역주, 『역주 인천번창기 인천 1903』, 인천학연구원, 2006
윤후명, 『협궤열차』, 책 만드는 집, 2012
『역주 인천사정』, 인천광역시 역사자료관, 2004
이미나, 「개항 이후 일본불교의 침투와 한국 사찰 건축의 변화」, 부산대학교, 2012
『인천개항 25년사』, 1908
『인천광역시사』, 인천광역시사편찬위원회, 2002
『인천문화재단 5주년 백서』, 인천문화재단, 2010
『인천부사』, 1933
『인천사정』, 1893
인천세관부속연화창고증축기타공사지내창고설계도 (1915) - 국가기록원 보유
인천세관청사분석실화물검사장설계지도 (1911) - 국가기록원 보유
『인천시립박물관 조사보고서』, 2014
『인천의 긴요문제』, 조선신문사, 1932
전유창, 「창영초등학교 및 영화초등학교」, 아주대학교 건축학부, 2009
조수진, 「극동방송의 대북방송 연사연구-1956년 개국부터 90년대 말까지」, 2014
『창영초등학교 100년사』, 1996
최성연, 『개항과 양관역정』, 경기문화사, 1959
한동수, 「인천 선린동 공화춘의 건축 특성」, 2008

1. 개항, 새로운 문물과 제도	
인천차이나타운 회의청	2016년 1월 14일
인천 중구청	2016년 1월 28일
舊 인천우체국	2016년 3월 31일
인천기상대 옛 창고	2016년 5월 26일
인천역사자료관	2016년 5월 12일
인천역	2016년 7월 14일
수인선 송도역사	2016년 4월 7일
송현배수지 제수변실	2016년 11월 24일

2. 산업시설의 변화	
선광미술관(옛 닛센해운 빌딩)	2016년 4월 14일
인천세관 옛 창고와 부속동	2016년 4월 21일
'수탈의 거점' 일본 은행들	2016년 4월 28일
개항기 하역업체 사무실 '카페 팟알'	2016년 7월 28일
오래된 해안동 창고들	2016년 8월 25일
옛 인천흥업주식회사	2016년 9월 1일
짜장면 박물관 '공화춘'	2016년 9월 29일
옛 일본우선주식회사 인천지점	2016년 10월 13일
배다리 '조흥상회'	2016년 8월 4일
동일방직 의무실	2016년 12월 1일
월아천	2016년 7월 21

3. 달라진 삶과 주택	
도원동 부영주택	2016년 3월 24일
중구 경동 127 '한옥'	2016년 2월 4일
중구 남북동 '조병수 가옥'	2016년 6월 30일
중구 경동 169 '싸리재'	2016년 10월 20일
초연다구박물관	2016년 11월 17일
관동갤러리	2016년 12월 15일
조선기계제작소 사택	2016년 11월 3일
극동방송 옛 사옥·사택	2016년 2월 11일
문학동 376-4 한옥	2016년 3월 17일
미쓰비시 줄 사택	2016년 10월 27일
알렌 별장 터	2016년 6월 23일

4. 현대교육과 문화	
제물포 구락부	2016년 2월 25일
제물포고등학교 '성덕당'	2016년 3월 3일
답동성당	2016년 5월 19일
신포동 재즈클럽 '버텀라인'	2016년 7월 7일
해광사(옛 화엄사)	2016년 11월 10일
애관극장	2016년 12월 8일
창영초등학교	2016년 1월 21일
인천 영화초등학교	2016년 6월 16일
인천 여선교사 기숙사(갬블홈)	2016년 8월 18일
옛 드림보트클럽 '부평 부일식당'	2016년 2월 18일
청학동 외국인묘지	2016년 6월 9일

5. 강화, 과거와 미래를 잇다	
강화 '용흥궁'	2016년 5월 5일
강화 1928가옥	2016년 6월 2일
강화 솔정리 고씨가옥	2016년 9월 8일
대한성공회 '강화성당과 온수리성당'	2016년 3월 10일
교동향교	2016년 8월 11일
교동 대룡시장	2016년 9월 22일

인천古宅 세월의 문을 열다

초판발행 / 2017. 11. 03

지은이 / 경인일보 특별취재팀
펴낸이 / 윤미경
펴낸곳 / 도서출판 다인아트
출판등록 1996년 3월 8일 제87호
인천광역시 남동구 구월3동 1096-19 3F
tel. 032+431+0268 / fax. 032+431+0269
e-mail. dainart@korea.com

인쇄 / 영일프린텍
제본 / 과성제책

값 / 35,000원
ISBN 978-89-6750-047-4 03610